KURZE EINFÜHRUNGEN
IN DIE GERMANISTISCHE LINGUISTIK

Band 21

Herausgegeben von
Jörg Meibauer
und
Markus Steinbach

SAID SAHEL

Kasus

Universitätsverlag
WINTER
Heidelberg

Bibliografische Information der Deutschen Nationalbibliothek

Die Deutsche Nationalbibliothek verzeichnet diese Publikation
in der Deutschen Nationalbibliografie;
detaillierte bibliografische Daten sind im Internet
über *http://dnb.d-nb.de* abrufbar.

ISBN 978-3-8253-6866-1

© 2018 Universitätsverlag Winter GmbH Heidelberg
Imprimé en Allemagne · Printed in Germany
Druck: Memminger MedienCentrum, 87700 Memmingen

Gedruckt auf umweltfreundlichem, chlorfrei gebleichtem
und alterungsbeständigem Papier.

Den Verlag erreichen Sie im Internet unter:
www.winter-verlag.de

www.kegli-online.de

Vorwort

Kasus ist eine grammatische Kategorie deklinierbarer Wörter, die eine zentrale Rolle bei der Kennzeichnung und Identifizierung von syntaktischen Relationen im Satz wie Subjekt oder Objekt spielt. Kasus drückt ein Abhängigkeitsverhältnis zwischen den Komponenten eines Satzes aus. So können z.B. Verben einen Kasus regieren, der am Objekt realisiert wird. Welcher Kasus vorliegt, ist im Deutschen an den Endungen des Artikelwortes, des Adjektivs oder des Substantivs erkennbar.

Obwohl Kasus eine zentrale grammatische Kategorie des Deutschen ist und das Deutsche eins der am besten erhaltenen Kasussysteme unter den germanischen Sprachen hat, existiert bislang keine Einführung zu diesem grammatischen Gegenstand. Mit diesem vorliegenden Buch soll diese Lücke geschlossen werden. Das Buch ist in erster Linie für Germanistik-Studierende konzipiert, bietet aber auch für weitere Interessierte eine verständliche Lektüre zu verschiedenen Aspekten von Kasus. Die Lektüre führt von sprachsystematischen Grundlagen von Kasus über Fragen des Kasusgebrauchs im Gegenwartsdeutschen bis hin zum Erwerb dieser grammatischen Kategorie.

Inhaltsverzeichnis

1 Einführung

Kasus (Pl. Kasus, lat. cāsus ‚Fall‘) bezeichnet eine grammatische Kategorie deklinierbarer Wörter (i.e. Substantive, Adjektive, Artikelwörter und Pronomen). In Sprachen mit einem Kasussystem weist jedes deklinierbare Wort, das in einer konkreten Äußerung vorkommt, einen bestimmten Kasus auf. Dies kann im Deutschen der Nominativ, der Akkusativ, der Dativ oder der Genitiv sein.

Wenn von ‚Kasus‘ die Rede ist, müssen zwei Aspekte unterschieden werden: Zum einen ‚Kasus‘ als syntaktische Kategorie und zum anderen die morphologische Anzeige von ‚Kasus‘, d.h. die Form, die einen bestimmten Kasus erkennbar macht. Dies ist eine grundlegende Unterscheidung, da Kasus als syntaktische Größe unabhängig von seiner morphologischen Realisierung existiert. Es wird auch in diesem Zusammenhang von abstraktem vs. morphologischem Kasus gesprochen.

Diese Unterscheidung soll an den folgenden Beispielen veranschaulicht werden:

(1) Dieser gemeinnützige Verein unterstützt *soziale Einrichtungen*$_{AKK}$.
(2) Eure Ratschläge helfen *vielen Menschen*$_{DAT}$, die sonst nicht weiter wüssten.
(3) Komplexe Projekte bedürfen *großer Erfahrung*$_{GEN}$.

In (1-3) liegt mit den Nominalphrasen (NPs), d.h. Substantivgruppen, *soziale Einrichtungen*, *vielen Menschen* und *großer Erfahrung* je ein Objekt vor. Diese Objekte weisen in jedem dieser Sätze einen jeweils anderen Kasus auf. Der Kasus der Objekt-NPs wird vom jeweiligen Verb bestimmt. So fordert *unterstützen* für sein Objekt den Akkusativ, *helfen* den Dativ und *bedürfen* den Genitiv. Diese Forderungen sind syntaktischer Natur, d.h. das Verb vergibt an sein Objekt einen bestimmten Kasus als abstraktes syntaktisches Merkmal. Die morphologische Markierung erfolgt in (1-3) durch Suffixe, d.h. Endungen, die an das jeweilige Adjektiv angehängt werden. So markiert *-e* in *soziale* den Akkusativ, *-en* in *vielen* den Dativ und *-er* in *großer* den Genitiv.

Zur terminologischen Unterscheidung zwischen diesen zwei Aspekten von Kasus: der syntaktischen Kategorie selbst und ihrer morphologischen Realisierung, werden fortan die Termini **Kasuskategorie** bzw. **Kasusform** verwendet. Die Ausführungen in den folgenden Kapiteln werden zu unterschiedlichen Anteilen diese beiden Gesichtspunkte von Kasus zum Gegenstand haben.

Zu jeder Kasuskonstellation gehören zwei Elemente: ein Element, an dem ein Kasus realisiert wird, und ein weiteres Element, das den Kasus vergibt. Träger der grammatischen Information Kasus ist die NP. Dabei bestimmt die NP nicht selbst über ihren Kasus. Denn anders als etwa Genus ist Kasus keine Kategorie, die dem Substantiv selbst eigen ist. Vielmehr ist er syntaktisch motiviert. So wird der Kasus einer NP von einem Element in ihrer syntaktischen Umgebung festgelegt bzw. die NP erhält ihren Kasus in Abhängigkeit von ihrer syntaktischen Funktion im Satz. So fungiert die NP *der Mann* im Satz *der Mann sieht den Mann* als Subjekt und steht daher im Nominativ, die NP *den Mann* steht als Objekt des Satzes im Akkusativ.

Auf der syntaktisch-funktionalen Ebene drücken Kasus grundlegende grammatische Relationen aus. Prototypisch ist der Nominativ der Kasus des Subjekts, der Akkusativ der Kasus des direkten Objekts, der Dativ der Kasus des indirekten Objekts und der Genitiv der Kasus des Attributs. Inhaltlich trägt die morphologische Markierung von Kasus an NPs oft zu einer eindeutigen Interpretation von Sätzen bei. In vielen Fällen verhält es sich so, dass sich grammatische Relationen wie Subjekt oder Objekt, deren Identifizierung für die Interpretation des Satzes notwendig ist, sich allein aufgrund der Kasusmarkierung eindeutig bestimmen lassen. Dies betrifft insbesondere die sogenannten semantisch reversiblen Sätze, für deren Interpretation eine einfache lexikalische Strategie und das Weltwissen nicht ausreichen.

(4)   *Die Mutter*$_{NOM}$ hilft *der Tochter*$_{DAT}$ in die Jacke.
(5)   *Der Tochter*$_{DAT}$ hilft *die Mutter*$_{NOM}$ in die Jacke.
(6)   *Die Tochter*$_{NOM}$ hilft *der Mutter*$_{DAT}$ in die Jacke.
(7)   *Der Mutter*$_{DAT}$ hilft *die Tochter*$_{NOM}$ in die Jacke.

Semantisch reversible Sätze wie in (4-7) sind Sätze, in denen die Inhaltswörter allein, hier *Mutter*, *hilft* und *Tochter,* nicht für eine eindeutige Interpretation ausreichen. Die Hilfe kann in beide Richtungen erfolgen. Es ist nämlich möglich, dass sowohl die Mutter ihrer kleinen Tochter als auch die Tochter ihrer betagten Mutter beim Anziehen der Jacke hilft. Anders verhält es sich in einem semantisch irreversiblen Satz mit den Inhaltswörtern *Kind*, *trägt* und *Tasche*. In diesem Fall kann der Satz aufgrund unseres Weltwissens unabhängig von der Wortstellung im Satz nur eine Interpretation haben, nämlich dass das Kind die Tasche trägt und nicht umgekehrt. Variiert man hingegen bei semantisch reversiblen Sätzen wie in (4-

7) die Wortstellung, so ist eine eindeutige Interpretation erst dank der Kasusmarkierung am Artikelwort, hier *die* bzw. *der*, möglich. Die Kasusmarkierung ermöglicht die Identifizierung von Subjekt und Objekt und gibt somit Aufschluss darüber, wer hilft und wer von der Hilfe profitiert.

Wie aufschlussreich Kasusmarkierungen bei der Auflösung semantischer Mehrdeutigkeiten sind, zeigt sich dann, wenn diese fehlen, etwa wenn das Subjekt und das Objekt als Eigennamen realisiert sind.

(8)   Anna hilft Claudia in die Jacke.
(9)   Claudia hilft Anna in die Jacke.

An den Eigennamen *Anna* und *Claudia* ist nicht erkennbar, welcher Kasus jeweils vorliegt. In Fällen wie in (8-9) orientieren sich die Sprecher in der Regel an der Wortstellung. Der Eigenname, der in der ersten Satzposition steht, wird als Subjekt, der Eigenname nach dem Verb als Objekt aufgefasst. Dabei kommt aufgrund dessen, dass Objekte im Deutschen grundsätzlich vorangestellt werden können, auch die andere Interpretation infrage, bei der der Eigenname in der ersten Satzposition als Objekt und nicht als Subjekt fungiert.

Die Kapitel des vorliegenden Bandes haben unterschiedliche Aspekte von Kasus zum Gegenstand. Es werden Fragen des Kasussystems (Kap. 2-8), des Kasusgebrauchs (9-10) und des Kasuserwerbs (Kap. 11) behandelt. Beim Kasussystem geht es u.a. darum, wie eine NP als Trägerin der Kasusinformation zu ihrem Kasus kommt (Kap. 4, 5 und 6) und wie bzw. an welchen einzelnen Komponenten der NP Kasus morphologisch realisiert wird (Kap. 3). Thematisiert wird darüber hinaus die syntaktisch-funktionale Seite von Kasus, indem auf die prototypische Verteilung von Kasus auf die zentralen syntaktischen Funktionen Subjekt, Objekt und Attribut eingegangen wird (Kap. 2). Es wird gezeigt, dass eine NP ihren Kasus mittels Rektion, d.h. aufgrund ihrer Abhängigkeit von einem kasuszuweisenden Element, oder durch Kongruenz, d.h. durch ihre Übereinstimmung in Kasus mit einer vorangehenden NP erhält. Eine NP kann aber auch allein aufgrund ihrer Semantik und ganz unabhängig von jedem anderen Element im Satz zu ihrem Kasus kommen; man spricht in diesem Fall von freiem Kasus. Was Kasusmorphologie angeht, Die morphologische Markierung von Kasus erfolgt hauptsächlich am Artikelwort, am Pronomen und am Adjektiv, während die Kasusanzeige am Substantiv nur noch rudimentär vorhanden ist. Die funktional-semantische Seite von Kasus wird in Kapitel 7 thematisiert, indem darauf eingegangen wird, wie Kasus und semantische Rollen, d.h. die Rollen, die die einzelnen Beteiligten an einer Handlung oder einem Vorgang übernehmen, aufeinander bezogen sind. Es besteht eine prototypische Kasus-semantische-Rollen-Zuordnung, bei der den Nominativ das Agens, der Akkusativ das Patiens und der Dativ den Rezipienten kodiert. In Kapitel 8 wird gezeigt, dass diese prototypische Zuordnung haupt-sächlich gilt, wenn das Verb des Satzes im Aktiv steht. Bei Diathe-senwechsel des Verbs, z.B. wenn das Verb im Passiv steht, ändert sich die Zuordnung von Kasus und semantischen Rollen.

In dem Teil (Kap. 9-10) zum Kasusgebrauch geht es vorwiegend um Fälle von Variabilität bzw. Uneinheitlichkeit bei der Verwen-dung von Kasus in der deutschen Standardsprache der Gegenwart. Bei diesen Kasusschwankungen spielt der Genitiv eine zentrale Rolle, der in bestimmten Konstellationen oft durch alternative Kon-struktionen ersetzt wird. Die These eines generellen Genitiv-schwundes im Gegenwartsdeutschen wird jedoch durch die Daten aus dem realen Sprachgebrauch nicht unterstützt. Variabilität im Kasusgebrauch kommt auch durch den Wegfall von Kasusflexion am Substantiv zustande, was als eine Fortführung einer sprachhisto-rischen Entwicklung zu werten ist. Der Band schließt mit einem Kapitel zum Kasuserwerb (Kap. 11), in dessen Mittelpunkt die schrittweise Aneignung dieser grammatischen Kategorie und der damit zusammenhängen morphologischen Markierungen im kindli-chen Erstspracherwerb steht.

2   Das Vier-Kasus-System des Deutschen

Dieses Kapitel befasst sich primär mit Kasus als syntaktischem Merkmal, d.h. als Kasuskategorie. Im Standarddeutschen werden vier Kasuskategorien unterschieden: Nominativ, Akkusativ, Dativ und Genitiv. Auch wenn diese vier Kasus oft in einem ‚Atemzug' genannt werden, haben sie im Sprachsystem nicht denselben Status. Vielmehr werden sie aufgrund der syntaktischen Funktion, die sie erfüllen, in Klassen eingeteilt bzw. hierarchisch angeordnet. Im Folgenden geht es hauptsächlich um die Kriterien der Kasuseintei-lung und um die **Kasushierarchie**.

2.1 Kasuskategorie

Dass das Deutsche über vier Kasus verfügt, ist morphologisch nur am Paradigma von Maskulina erkennbar, da nur in diesem Teilparadigma vier morphologisch unterscheidbare Formen vorliegen, wie die Formen des demonstrativen Artikelwortes *dies-* in Tabelle 1 zeigen.

	Singular			Plural
	Maskulinum	**Femininum**	**Neutrum**	
Nominativ	dies*er* (Mann)	dies*e* (Frau)	dies*es* (Kind)	dies*e* (Kinder)
Akkusativ	dies*en* (Mann)	dies*e* (Frau)	dies*es* (Kind)	dies*e* (Kinder)
Dativ	dies*em* (Mann)	dies*er* (Frau)	dies*em* (Kind)	dies*en* (Kindern)
Genitiv	dies*es* (Mannes)	dies*er* (Frau)	dies*es* (Kindes)	dies*er* (Kinder)

Tab. 1: Flexionsparadigma des demonstrativen Artikelwortes *dies-*

Im Femininum, Neutrum und Plural werden hingegen nur zwei bzw. drei Formen unterschieden. Trotz des Formenzusammenfalls muss auch bei den letzteren Teilparadigmen von vier Kasuskategorien ausgegangen werden. Denn, wie oben bereits erwähnt, muss Kasus als Kasuskategorie, d.h. als abstraktes syntaktisches Merkmal, unabhängig von seiner morphologischen Realisierung betrachtet werden. Kasus liegt auch dann vor, wenn das kasustragende Element keine eindeutige morphologische Markierung aufweist, wie die folgenden Beispiele zeigen:

(1)   *Wasser* ist eines der interessantesten Elemente in der Natur.
(2)   Man hat *Wasser* auf dem Mars gefunden!
(3)   Die kochen auch nur mit *Wasser*!

So steht die Ein-Wort-NP *Wasser* in (1-3) in drei verschiedenen Kasus, ohne dass diese Kasusunterschiede morphologisch erkennbar sind. In (1) steht die Ein-Wort-NP *Wasser* im Nominativ, in (2) im Akkusativ und in (3) im Dativ. Die Unterschiede in der Kasuskategorie basieren primär auf den jeweils vorliegenden syntaktischen Abhängigkeitsverhältnissen im Satz. So fungiert *Wasser* in (1) als Subjekt und steht daher im Nominativ. In (2) erfüllt *Wasser* die Funktion eines Objekts, das vom Verb *finden* regiert wird, und steht daher im Akkusativ und in (3) wird *Wasser* von der Präposition *mit* regiert, die immer den Dativ fordert.

Die syntaktische Motivation von Kasus zeigt sich auch darin, dass kasusflektierte Formen ihre morphologische Gestalt erst im Syntagma ändern bzw. annehmen, d.h. welcher Kasus und dementsprechend welche Kasusform gebraucht wird, hängt von der syntaktischen Umgebung der betreffenden NP ab. So sind wie bereits oben erwähnt die vier Kasus Nominativ, Akkusativ, Dativ und Genitiv prototypisch mit den syntaktischen Funktionen Subjekt, direktes Objekt, indirektes Objekt bzw. Attribut verbunden, wie die folgenden Bespiele zeigen.

(4)   *Das Elektroauto* ist angeblich die Zukunft.
(5)   Die Sozialversicherung schaffte *einen großen Überschuss*.
(6)   Die EFSF gewährt *den Krisenstaaten* Kredite zu günstigen Konditionen.
(7)   Das Unwort *des Jahres* 2010 heißt „alternativlos".

Die vier in (4-7) kursiv gesetzten NPs stehen entsprechend ihrer syntaktischen Funktion im jeweiligen Satz in verschiedenen Kasus. In (4) steht die NP *das Elektroauto* als Subjekt im Nominativ. Die NP *einen großen Überschuss* fungiert in (5) als direktes Objekt und ist daher im Akkusativ realisiert, während die NP *den Krisenstaaten* in (6) als indirektes Objekt den Dativ trägt. Die NP *des Jahres* in (7) fungiert als Attribut zu *Unwort* und steht daher im Genitiv, dem prototypischen Kasus für Attribute.

2.2   Einteilung von Kasus

Die vier Kasuskategorien werden auf verschiedenen Kriterien basierend unterschieden und in Klassen eingeteilt. Eine auf die griechische Grammatiktradition zurückgehende Einteilung ist die Unterscheidung zwischen **Kasus rectus**, dem geraden Fall, und **Kasus obliquus**, dem schrägen Fall. Mit Kasus rectus wird der Nominativ bezeichnet, während der Akkusativ, der Dativ und der Genitiv als Kasus obliqui gelten. Die Bezeichnung Kasus rectus bezieht sich dabei auf das Bild eines aufrecht stehenden Stabes, der in verschiedenen Graden gebeugt, d.h. flektiert wird. Das Ergebnis der Beugung bzw. Flexion ist ein Kasus obliquus: ein schräger Kasus. Diese Unterscheidung von Kasus rectus und Kasus obliqui lässt sich morphologisch wie syntaktisch begründen. So stellt der Nominativ typischerweise den morphologisch unmarkierten Kasus dar. Dies lässt sich u.a. an den Singularformen des sogenannten schwachen Maskulinums STUDENT illustrieren. Die Schreibweise *STUDENT* signalisiert, dass der reine Lexikoneintrag des Substantivs ohne jeg-

liche flexionsmorphologische Spezifizierung gemeint ist, d.h. STU-
DENT ist mit Blick auf Numerus- und Kasusinformation neutral.

	Singular
Nominativ	(der) Student
Akkusativ	(den) Studenten
Dativ	(dem) Studenten
Genitiv	(des) Studenten

Tab. 2: Singular-Paradigma von STUDENT

Nur im Nominativ tritt die Singularform von STUDENT in seiner
reinen Stammform, d.h. ohne Kasussuffix, auf, also *Student*. In allen anderen Kasus trägt das Substantiv einheitlich das Kasussuffix -
en, das hier anzeigt, dass das Substantiv in einem anderen Kasus
steht als im Nominativ. Das Kasussuffix markiert hier die Grenze
zwischen dem Kasus rectus und den Kasus obliqui.

Auch syntaktisch verhält sich der Nominativ anders als die drei
übrigen Kasus, was als weitere Evidenz für die Unterscheidung Kasus rectus vs. Kasus obliqui angeführt werden kann. Es kann hier
sogar von einer Art Sonderstatus des Nominativs gesprochen werden. So ist der Nominativ der einzige Kasus, der kein Objektkasus
ist. Demgegenüber können Objekte von Verben in allen Kasus obliqui stehen: im Akkusativ, im Dativ und im Genitiv.

(8)   Dieser gemeinnützige Verein *unterstützt viele soziale Einrichtungen*$_{AKK}$.
(9)   Eure Ratschläge *helfen vielen Menschen*$_{DAT}$, die sonst nicht weiter
       wüssten.
(10)   Komplexe Projekte *bedürfen großer Erfahrung*$_{GEN}$.

In (8) wird die Objekt-NP *viele soziale Einrichtung* vom Verb *unterstützen* regiert und steht daher im Akkusativ, während die Objekt-NP *vielen Menschen* in (9) den vom Verb *helfen* regierten Dativ trägt. Auch der Genitiv tritt als Objektkasus auf, wie der Bei-
spielsatz in (10) zeigt. Die NP *großer Erfahrung* fungiert als Objekt
zum Verb *bedürfen* und steht demzufolge im Genitiv, dem vom regierenden Verb geforderten Kasus.

Der Nominativ ist hingegen der Kasus des Subjekts. Subjekt-
NPs stehen im Deutschen immer im Nominativ. Im Unterschied zu
Objekt-NPs, deren Kasus, wie wir oben gesehen haben, abhängig
vom regierenden Verb variiert, ist der Subjektkasus invariabel. So
stehen die Subjekt-NPs in (8-10) *dieser gemeinnützige Verein*, *eure
Ratschläge* bzw. *komplexe Projekte* einheitlich im Nominativ.

Eine weitere Einteilung von Kasus sieht eine Unterscheidung zwischen **direkten** und **indirekten Kasus** vor (vgl. Blake 2004: 1081ff., Steinbach 2002: 236ff. Wiese 2009: 177). Der Nominativ und der Akkusativ gelten dabei als direkte, der Dativ und der Genitiv als indirekte Kasus, wobei die Unterscheidung direkt vs. indirekt semantisch motiviert ist (Dürscheid 1999: 42). Sie orientiert sich hauptsächlich an den semantischen Rollen, die das Subjekt und das Akkusativobjekt auf der einen Seite und das Dativ- und Genitivobjekt auf der anderen Seite in der Regel annehmen (vgl. Kap. 7).

Dies soll im Folgenden am Beispiel des Handlungsverbs *schenken* und der an der Handlung beteiligten ‚Mitspieler‘ veranschaulicht werden. In die Tätigkeit des ‚Schenkens‘ sind drei Entitäten involviert: 1) die Person, die schenkt, 2) der Gegenstand, der geschenkt wird und 3) die Person, die beschenkt wird. In einem Satz wie *Die Oma schenkt ihrem Enkel einen Handyvertrag* stellt die NP *die Oma* als Subjekt den Ausgangspunkt der Handlung dar, d.h. sie führt die Handlung aus. Als Ausgangspunkt der Tätigkeit des ‚Schenkens‘ ist sie also unmittelbar an der Handlung beteiligt. Da der Nominativ der prototypische Kasus des Subjekts ist, gilt er als direkter Kasus. Das Akkusativobjekt *einen Handyvertrag* ist die Entität, auf die die Handlung unmittelbar gerichtet ist. Das Akkusativobjekt ist der direkt getroffene bzw. anvisierte Punkt der Handlung (Glinz 1973: 164) und gilt daher auch als direkter Kasus.

Demgegenüber stellt die Entität im Dativobjekt *ihrem Enkel* lediglich die „Zuwendgröße“, d.h. den beiläufig berührten Punkt in der Handlung, dar (ebd.). Die Entität *ihrem Enkel* ist nur indirekt von der Handlung des ‚Schenkens‘ betroffen und zwar insofern, als ihr die Tätigkeit nur mittelbar zuwendet. Daher wird das Dativobjekt als indirektes Objekt bezeichnet.

Ähnliches gilt für das im Gegenwartsdeutschen seltene Genitivobjekt, das etwa im Vergleich zum Akkusativobjekt nur die indirekt beteiligte Größe darstellt. Als Beispiel soll hier das ditransitive Verb *bezichtigen* dienen. In dem Satz *die Ermittlungsbehörden bezichtigen ihn der Steuerhinterziehung* stellt das Genitivobjekt *der Steuerhinterziehung* eine Entität dar, die insofern nur mittelbar vom ‚Bezichtigen‘ betroffen ist, als sie sich lediglich auf den Gegenstand der Bezichtigung bezieht. Daher gilt das Genitivobjekt ditransitiver Verben wie *bezichtigen* als indirektes Objekt.

Für die Einteilung der Kasus in die zwei Klassen *direkte* und *indirekte Kasus* sprechen zudem syntaktische und morphologische Fakten. So hängen syntaktisch der Nominativ und der Akkusativ eng zusammen, wie die Alternation dieser zwei Kasus bei der Passivierung von Aktivsätzen zeigt.

(11) a. Das europäische Parlament hat *den EU-Haushalt*[AKK] verabschiedet.
      b. *Der EU-Haushalt*[NOM] wurde verabschiedet.

Wie aus dem Vergleich dieser zwei Sätze hervorgeht, ist das Subjekt des Passivsatzes in (11b), *der EU-Haushalt*, das Akkusativobjekt des Aktivsatzes in (11a), *den EU-Haushalt*. Wenn man die zwei Sätze strukturell zueinander in Beziehung setzt, stellt man fest, dass bei der Passivierung das Akkusativobjekt des Aktivsatzes *den EU-Haushalt* zum Subjekt des Passivsatzes *der EU-Haushalt* wird, indem es seinen ursprünglichen Kasus, den Akkusativ, aufgibt und den Nominativ annimmt (vgl. Kap. 8.1). Das Subjekt des Aktivsatzes *das europäische Parlament* wird hingegen im Passivsatz nicht mehr (obligatorisch) realisiert. Von diesem Kasuswechsel bleibt jedoch die Bedeutung des Satzes unberührt.

Eine Alternation zwischen dem Subjekt- und Objektkasus beim *werden*-Passiv ist aber nur möglich, wenn das Objekt im Akkusativ steht. Bei Dativ- und Genitivobjekten bleibt hingegen eine solche Alternation aus, wie die folgenden Beispiele zeigen.

(12) a. Man hat *vielen Menschen*[DAT] mit der Musiktherapie geholfen.
      b. *Vielen Menschen*[DAT] wurde mit der Musiktherapie geholfen.
(13) a. Tausende haben in der Innenstadt *der Anschlagsopfer* [GEN] gedacht.
      b. *Der Anschlagsopfer* [GEN] wurde in der Innenstadt gedacht.

Im Unterschied zum Passivsatz in (11b) behalten das Dativobjekt *vielen Menschen* in (12b) und das Genitivobjekt *der Anschlagsopfer* in (13b) ihren ursprünglichen Kasus, also den Dativ bzw. den Genitiv, bei, und wechseln nicht zum Nominativ über. Dass beim *werden*-Passiv nur der Akkusativ, nicht aber der Dativ und der Genitiv mit dem Nominativ alterniert, spricht dafür, dass der Nominativ und der Akkusativ einerseits und der Dativ und der Genitiv andererseits strukturell je einen anderen Status haben.

Morphologische Evidenz für die Unterscheidung von direkten und indirekten Kasus liefern die Kasusformen des definiten Artikelwortes. Wie aus dem Paradigma hervorgeht, teilen sich der Nominativ und der Akkusativ im Femininum, Neutrum und Plural jeweils dieselbe Artikelform. Nur im Maskulinum weisen diese zwei Kasus verschiedene Artikelformen auf. Im Femininum fallen zusätzlich die Formen für den Dativ und den Genitiv morphologisch zusammen. Für die Einteilung direkte vs. indirekte Kasus spricht weiterhin der Umstand, dass in keinem Teilparadigma (Maskulinum, Femininum, Neutrum und Plural) der Nominativ oder Akkusativ mit dem Dativ oder Genitiv dieselbe Artikelform teilt. Die Verteilung der Formen im Paradigma des definiten Artikels scheint also nicht zufällig. Vielmehr erfolgt sie entlang der Unterscheidung direkte vs. indirekte Kasus. Unterschiede in der morphologischen Markierung von Nominativ und Akkusativ auf der einen Seite und der anderen Kasus auf der anderen Seite sind auch in anderen Sprachen belegt (Greenberg 2005: 38).

	Singular			Plural
	Maskulinum	Femininum	Neutrum	
Nominativ	der	die	das	die
Akkusativ	den	die	das	die
Dativ	dem	der	dem	den
Genitiv	des	der	des	der

Tab. 3: Flexionsparadigma des definiten Artikelwortes *der*

2.3 Die Kasushierarchie

Die vier Kasus des Deutschen werden auf einer funktional und formal motivierten Skala angeordnet: der **Kasushierarchie**. Am Anfang dieser Kasushierarchie, die als „eine übereinzelsprachliche gut gesicherte Markiertheitsordnung" (Wiese 2009: 177) angesehen wird, steht der Nominativ vor dem Akkusativ, Dativ und Genitiv:

(14) Nominativ >> Akkusativ >> Dativ >> Genitiv

Auf dieser Skala stellt der Nominativ den unmarkierten, der Genitiv den am höchsten markierten Kasus dar. Der Dativ ist höher markiert als der Akkusativ, dieser wiederum höher markiert als der Nominativ. Die Ermittlung der **Markiertheitsordnung** sprachlicher Kategorien basiert auf verschiedenen Maßstäben. So gilt eine Kategorie im Vergleich zu einer anderen Kategorie als höher markiert, wenn sie u.a. häufiger im Sprachgebrauch vorkommt, früher erworben wird oder durch das aufwändigere morphologische Mittel angezeigt wird.

Die in (14) postulierte Kasushierarchie lässt sich für das Deutsche auf zwei unterschiedlichen sprachlichen Ebenen begründen: zum einen auf der syntaktisch-funktionalen und zum anderen auf der morphologisch-formalen Ebene. Syntaktisch besteht ein enger Zusammenhang zwischen der Kasuskategorie und der syntaktischen

Funktion, die diese im Satz erfüllt. So ist im prototypischen Fall der Nominativ der Kasus des Subjekts, der Akkusativ der Kasus des direkten Objekts, der Dativ der Kasus des indirekten Objekts und der Genitiv der Kasus des Attributs.

(15) Nominativ   >>   Akkusativ   >>   Dativ   >>   Genitiv
    Subjekt   >>   dir. Objekt   >>   ind. Objekt   >>   Attribut

Bei der Wahl von Kasus wird die Hierarchie in der Regel von links nach rechts ‚abgearbeitet'. Die Vergabe der Kasus erfolgt also in einer Reihenfolge, die den Markiertheitsverhältnissen in der Kasushierarchie entspricht. Hat ein Verb nur eine Ergänzung, wählt es den Nominativ als den unmarkierten Kasus. Dies ist der Fall bei intransitiven Verben wie *schwimmen*.

schwimmen	Nominativ
	Subjekt

Kommt eine weitere Ergänzung hinzu, bekommt sie in den meisten Fall den nächsthöheren Kasus, den Akkusativ, zugwiesen, wie das Beispiel des transitiven Verbs *lesen* zeigt.

lesen	Nominativ	Akkusativ
	Subjekt	direktes Objekt

Bei einer dritten Ergänzung wählt das Verb im prototypischen Fall den Dativ als nächsthöheren Objektkasus. Diesen Kasus wählen die meisten distransitiven Verben für das zweite (indirekte) Objekt.

schenken	Nominativ	Akkusativ	Dativ
	Subjekt	direktes Objekt	indirektes Objekt

Die Kasushierarchie lässt sich auch morphologisch motivieren. So gilt allgemein für die Markiertheitsordnung sprachlicher Kategorien, dass im Idealfall die morphologische Realisierung einer höher markierten Kategorie komplexer ist als die einer niedriger markierten. In diesem Fall sollte man erwarten, dass die Komplexität des morphologischen Mittels mit zunehmendem Markiertheitsgrad der Kasuskategorien ansteigt. Mit ‚morphologischem Mittel' ist in unserem Zusammenhang das Suffix gemeint, das die jeweilige Kasuskategorie anzeigt, und u.a. an Artikelwörter tritt (*diese, dieser, diesen, diesem, dieses*).

Wie lässt sich aber die Komplexität von Kasussuffixen bestimmen? Hierfür wird das phonologische Maß der **konsonantischen Stärke** herangezogen (Vennemann 1982). Dabei geht es um die phonologische Schwere der beteiligten Kasussuffixe. Ein in der Phonologie geläufigeres Maß zur Bestimmung der phonologischen

11

Schwere ist die **Sonoritätshierarchie** (vgl. Noack 2010). Auf dieser Hierarchie werden Phonemklassen nach zunehmender Schallfülle angeordnet. Damit ergibt sich die Reihenfolge *Plosive < Frikative < Nasale < Liquide < Vokale*, wobei die Sonorität bei Plosiven am geringsten, bei Vokalen am höchsten ist.

Die konsonantische Stärke verhält sich spiegelbildlich zur Sonoritätshierarchie: Die Phoneme mit dem höchsten Sonoritätsgrad sind konsonantisch am schwächsten, die mit dem geringsten Sonoritätsgrad weisen die höchste konsonantische Stärke auf.

Vokale	Liquide	Nasale	Frikative	Plosive

zunehmende konsonantische Stärke →

Abb. 1: Konsonantische Stärke

Tatsächlich lässt sich für das Deutsche ein Zusammenhang zwischen dem Markiertheitsgrad von Kasuskategorien und der konsonantischen Stärke der Kasussuffixe beobachten. Die konsonantische Stärke der Kasussuffixe nimmt in der gleichen Reihenfolge zu, in der die Markiertheit der Kasus ansteigt.

Am besten lässt sich der Zusammenhang zwischen der Kasushierarchie und der konsonantische Stärke der beteiligten Kasussuffixe am Teilparadigma des Maskulinum Singular veranschaulichen. Denn im Unterschied zu den anderen Teilparadigmen (Neutrum und Femininum Singular sowie Plural) werden im Maskulinum Singular alle vier Kasus durch vier verschiedene Suffixe angezeigt. In allen anderen Teilparadigmen fallen mindestens zwei Kasus formal zusammen, wie aus dem folgenden Paradigma für das definite Artikelwort hervorgeht.

	Singular			Plural
	Maskulinum	**Femininum**	**Neutrum**	
Nominativ	de*r*	di*e*	da*s*	di*e*
Akkusativ	de*n*	di*e*	da*s*	di*e*
Dativ	de*m*	de*r*	de*m*	de*n*
Genitiv	de*s*	de*r*	de*s*	de*r*

Tab. 4: Flexionsparadigma des definiten Artikelwortes *der* (grau hinterlegtes Teilparadigma für das Maskulinum Singular)

Die Kasussuffixe für das Maskulinum Singular *r*, *n*, *m* und *s* können entsprechend ihrer phonologischen Schwere auf der Skala der konsonantischen Stärke angeordnet werden. Geht man zunächst von

12

den zwei Konsonantenklassen, den Obstruenten und den Sonoranten, aus (vgl. Noack 2010, Kap. 3.4 und 3.5), stellt *s* als einziger Obstruent gegenüber den Sonoranten *r*, *n* und *m* das konsonantisch stärkste Flexiv dar. Innerhalb der drei Sonoranten lässt sich wiederum eine Schwere-Hierarchie aufstellen, bei der der labiale Nasal *m* konsonantisch stärker als der alveolare Nasal *n*. Der Liquid *r* steht als konsonantisch schwächstes Suffix am Anfang dieser Hierarchie.

r	n	m	s
Liquid	Nasal	Lab. Nasal	Obstruent

Abb. 2: Anordnung der Kasussuffixe nach ihrer konsonantischen Stärke

Legt man die Kasushierarchie und die Hierarchie für die konsonantische Stärke übereinander, ergibt sich „eine eineindeutige Beziehung zwischen formaler und funktionaler Ordnung mit bis ins Einzelne gehenden Entsprechungsverhältnissen" (Wiese 2009, 179).

Kasushierarchie

Nom	Akk	Dat	Gen
r	n	m	s

Konsonantische Stärke

Abb. 3: Kasushierarchie und Konsonantische Stärke

Abbildung 3 veranschaulicht den Zusammenhang zwischen der Kasushierarchie und der konsonantischen Stärke: Mit ansteigendem Markiertheitsgrad von Kasus nimmt die konsonantische Stärke der Kasussffixe zu. Damit steht die Verteilung der Kasussufixe auf die einzelnen Kasus im Einklang mit dem **Ikonizitätsprinzip**, dem zufolge höher markierte Funktionen die markanteren morphologischen Markierungen erhalten. Allgemein gilt ein Verhältnis zwischen der Form und dem Inhalt eines sprachlichen Zeichens als ikonisch, wenn die Komplexität der Form durch die des Inhalts motiviert ist.

Aufgabe 1: Wie lässt sich die Unterscheidung von Kasus in Kasus rectus vs. Kasus obliqui bzw. direkte Kasus vs. indirekte Kasus begründen?
Aufgabe 2: Inwiefern ist das Verhältnis zwischen den Kasuskategorien und den Suffixen, die diese Kasuskategorien anzeigen, als ikonisch zu bezeichnen?

2.4 Zusammenfassung

Wir haben gesehen, dass basierend auf unterschiedlichen Kriterien die Kasus in Klassen eingeteilt werden. Zum einen wird zwischen

Kasus rectus (Nominativ) und Kasus obliqui (Akkusativ, Dativ und Genitiv), zum anderen zwischen direkten (Nominativ und Akkusativ) und indirekten Kasus unterschieden.

Wir haben zudem gezeigt, dass die vier Kasus des Deutschen mit syntaktischen Funktionen verbunden sind. Der Nominativ ist der Kasus des Subjekts, der Akkusativ der des direkten Objekts, der Dativ der des indirekten Objekts und der Genitiv ist der Kasus des Attributs. Auf der Grundlage dieser prototypischen Verteilung von Kasus und syntaktischer Funktion ergibt sich eine Markiertheitsordnung für die vier Kasus: die Kasushierarchie. Der Nominativ ist der unmarkierte Kasus und der Genitiv der Kasus, mit dem höchsten Markiertheitsgrad. Der Akkusativ ist höher markiert als der Nominativ und der Dativ höher markiert als der Akkusativ. Dabei besteht ein Zusammenhang zwischen dem funktionalen Markiertheitsgrad eines Kasus und seiner formal-morphologischen Realisierung, der als ikonisch zu bezeichnen ist: Ein ansteigender Markiertheitsgrad geht einher mit zunehmender konsonantischer Stärke des Suffixes, das den jeweiligen Kasus anzeigt.

Grundbegriffe: Kasuskategorie, Kasus rectus, Kasus obliquus/obliqui, direkte Kasus, indirekte Kasus, Kasushierarchie, Markierhtheitsordnung, konsonantische Stärke, Ikonizitätsprinzip.

Weiterführende Literatur: Blake (2001: 118-160.), Hentschel (2009: 191-205), Hentschel/Weydt (2013: 154-175.), Wiese (2009: 177-182), Dürscheid (1999: 8-12, 22-42), Steinbach (2002: 236-266).

3. Markierung von Kasus

Dieses Kapitel befasst sich mit der morphologischen Realisierung von Kasus, d.h. mit der **Kasusform**. Dabei geht es hauptsächlich darum, an welche Wörter Kasusmarkierungen treten. Bei der Markierung von Kasus macht das Deutsche von einem einzigen morphologischen Mittel Gebrauch: der Suffigierung. Wenn Kasus markiert wird, erfolgt dies ausschließlich durch Suffixe, d.h. durch Flexionsendungen (z.B. *dies-em, gut-er, Kind-es*). Im Unterschied etwa zu den Kategorien Numerus (*Laden* (Sg.) – *Läden* (Pl.)) und Tempus (*lauf-* (Präs.) – *lief* (Prät.)) spielt hingegen die Stammveränderung durch Umlaut oder Ablaut keine Rolle bei der Anzeige von Kasus. Dabei treten die kasusanzeigenden Suffixe an alle deklinierbaren Wortarten, jedoch nicht mit der gleichen Regelmäßigkeit. Am schwächsten ausgeprägt ist die Kasusmarkierung am Substantiv. Bei Artikelwörtern, Pronomen und Adjektiven ist sie am besten ausgebildet.

3.1 Das Substantiv

Je nach Deklinationsklasse wird Kasus am Substantiv entweder in nur wenigen oder gar keiner Position des Paradigmas markiert. Im besten Fall werden in jedem Numerus, d.h. im Singular und Plural, je zwei Kasusformen unterschieden, wie aus dem Paradigma von *Stift* und *Bild* hervorgeht.

	Singular	Plural	Singular	Plural
Nominativ	Stift	Stifte	Bild	Bilder
Akkusativ	Stift	Stifte	Bild	Bilder
Dativ	Stift	Stiften	Bild	Bildern
Genitiv	Stiftes	Stifte	Bildes	Bilder

Tab. 1: Flexionsparadigmen von *Stift* und *Bild*

Wie bei den meisten Maskulina und Neutra trägt das Substantiv im Genitiv Singular und im Dativ Plural eine Kasusmarkierung (*Stiftes*, *Bildes* bzw. *Stiften*, *Bildern*). In allen übrigen Positionen weist es hingegen keine Kasusmarkierung auf, was einen morphologischen Zusammenfall der jeweils drei Formen ohne Kasusmarkierung zur Folge hat. Bei den meisten Feminina fehlt sogar jegliche Kasusdifferenzierung, wie das Paradigma von *Frau* zeigt.

	Singular	Plural
Nominativ	Frau	Frauen
Akkusativ	Frau	Frauen
Dativ	Frau	Frauen
Genitiv	Frau	Frauen

Tab. 2: Flexionsparadigma von *Frau*

Weder im Singular noch im Plural tragen Substantive dieser Deklinationsklasse eine Kasusmarkierung. Die Substantivformen für die vier Kasuskategorien fallen jeweils zusammen (*Frau* bzw. *Frauen*).

Das Substantiv spielt also keine große Rolle bei der morphologischen Anzeige von Kasus. Dass die Kasusdifferenzierung bei Substantiven schlecht ausgebaut ist, hängt mit einer sprachhistorischen Entwicklung zusammen, im Laufe derer die Kasusmarkierungen am Substantiv sukzessive abgebaut wurden. Die letzte Kasusmarkierung, die bei diesem Abbauprozess weggefallen ist, ist das *-e* im Dativ Singular von Maskulina und Neutra (*dem Manne, dem Kinde*). Substantive mit einem Dativ-*e* findet man im Gegenwartsdeutschen nur noch in älteren Texten oder in festen Redewendungen wie *im Grunde* oder *im Falle*. Der Trend zur Kasusnivellierung, d.h. zur Aufhebung der Kasusunterschiede durch formale Angleichung, setzt sich im Gegenwartsdeutschen fort und erfasst allmählich nun auch die wenigen grammatischen Positionen, in denen die Kasusflexion des Substantivs noch erhalten ist. So tragen Eigennamen im gegenwärtigen Sprachgebrauch kein Genitiv-s (*die späte Kritik des Jürgen Klinsmann*). Auf das Genitiv-*s* wird sehr oft auch in eigennamenähnlichen Substantiven wie *Rokoko* oder *Islam* (*des Rokoko, des Islam*) verzichtet (vgl. Kap. 10.3).

Viel besser ausgebildet ist hingegen die Kasusdifferenzierung bei Artikelwörtern und Adjektiven, den sogenannten Substantivbegleitern. Die Funktion der Kasusanzeige wurde im Laufe der Sprachentwicklung aus dem Substantiv ausgelagert und auf seine Begleiter übertragen.

3.2 Das Artikelwort

Artikelwörtern kommt bei der Anzeige von Kasus eine große Bedeutung zu. An den Artikelformen lässt sich ablesen, um welche Kasuskategorie es sich handelt. Da in den meisten Fällen keine Kasusmarkierungen an Substantive treten, enthält das Artikelwort oft den einzigen morphologischen Hinweis auf die jeweils vorliegende Kasuskategorie. Die Kasusmarkierung am Artikelwort erfolgt durch fünf verschiedene Suffixe: ein vokalisches: *-e* und vier konsonantische Suffixe: *-n*, *-m*, *-r* und *-s*. Das Paradigma des demonstrativen Artikelwortes *dies-* zeigt stellvertretend für alle anderen Artikelwörter die Verteilung dieser fünf Suffixe auf die einzelnen grammatischen Positionen.

	Singular			Plural
	Maskulinum	**Femininum**	**Neutrum**	
Nominativ	diese*r* (Mann)	dies*e* (Frau)	diese*s* (Kind)	dies*e* (Kinder)
Akkusativ	diese*n* (Mann)	dies*e* (Frau)	diese*s* (Kind)	dies*e* (Kinder)
Dativ	diese*m* (Mann)	diese*r* (Frau)	diese*m* (Kind)	diese*n* (Kindern)
Genitiv	diese*s* (Mannes)	diese*r* (Frau)	diese*s* (Kindes)	diese*r* (Kinder)

Tab. 3: Flexionsparadigma des demonstrativen Artikelwortes *dies-*

Auffallend ist, dass kein eineindeutiges Verhältnis zwischen der Kasusmarkierung selbst und der anzuzeigenden Kasuskategorie besteht. Durch ein und dasselbe Suffix werden verschiedene Kasuskategorien markiert. So zeigt beispielsweise das Suffix *-r* den Nominativ (Maskulinum Singular), den Dativ (Femininum Singular) und den Genitiv (Femininum Singular bzw. Plural) an. Das Suffix *-m* bildet hier eine Ausnahme; es ist das einzige Suffix, das eindeutig einem Kasus zugeordnet werden kann. Es zeigt exklusiv den Dativ (Maskulinum/Neutrum Singular) an.

Auch innerhalb der einzelnen Teilparadigmen Neutrum Singular, Femininum Singular und Plural fallen die Kasus formal zusammen. Von diesem Formenzusammenfall, auch **Synkretismus** genannt, sind insbesondere der Nominativ und der Akkusativ betroffen. Im Neutrum Singular werden diese zwei Kasus gleichermaßen durch *-s*, im Femininum Singular und im Plural durch *-e* markiert. Im Femininum Singular teilen zusätzlich der Dativ und der Genitiv dasselbe Suffix: *-r*. Nur im Maskulinum Singular weist das Artikelwort vier morphologisch distinkte formen auf: Für jeden der vier Kasus liegt jeweils ein anderes Suffix vor.

Obwohl Artikelwörter immer eine Kasusmarkierung tragen, kann der Kasus eines Artikelwortes aufgrund des Synkretismus nicht immer eindeutig bestimmt werden. Wie wir weiter unten sehen werden, kann Eindeutigkeit erst herbeigeführt werden, wenn auch der Numerus und/oder das Genus des dazugehörigen Substantivs bei der Entscheidung herangezogen werden.

Formal-morphologisch fallen Artikelwörter und Pronomen weitestgehend zusammen. Es wird daher auf einen gesonderten Abschnitt zu den Pronomen verzichtet. Pronomen weisen dieselben morphologischen Markierungen auf wie Artikelwörter. Dieselben Formen können sowohl als Artikelwörter wie auch als Pronomen verwendet werden. Funktional unterscheiden sich die zwei Wortarten darin, dass Artikelwörter ein Substantiv begleiten (z.B. *die/diese/deine/keine Tasche gefällt mir*), während Pronomen das Substantiv bzw. die NP ersetzen (z.B. *die/diese/deine/keine/sie gefällt mir*).

3.3 Das Adjektiv

Adjektive gelten wie Artikelwörter als Begleiter des Substantivs und nehmen, wenn sie attributiv gebraucht werden, wie diese auch die pränominale Position, d.h. die Position vor dem Substantiv, ein. Eine weitere Ähnlichkeit betrifft das Formeninventar dieser zwei Substantivbegleiter. An Adjektive treten dieselben Suffixe wie an Artikelwörter, nämlich *-e, -n, -m, -r* und *-s*.

| | Singular | | | Plural |
	Maskulinum	Femininum	Neutrum	
Nominativ	nächste*r*	nächst*e*	nächste*s*	nächst*e*
Akkusativ	nächste*n*	nächst*e*	nächste*s*	nächst*e*
Dativ	nächste*m*	nächste*r*	nächste*m*	nächste*n*
Genitiv	nächste*n*	nächste*r*	nächste*n*	nächste*r*

Tab. 4: Flexionsparadigma des starken Adjektivs

Bis auf zwei Positionen, Genitiv Singular Maskulinum/Neutrum, ist die Verteilung der Suffixe im Paradigma des Adjektivs und des Artikelwortes identisch. Die Formengleichheit des Adjektivs und des Artikelwortes lässt sich damit erklären, dass diese zwei Substantivbegleiter dieselbe Funktion übernehmen, nämlich den Kasus in Abhängigkeit vom Numerus und Genus des Substantivs anzuzeigen. Auch sprachhistorisch lassen sich die Suffixe von Artikelwörtern und starken Adjektiven auf denselben Ursprung zurückführen.

Das Adjektiv weist aber auch einen zweiten Flexionstyp auf, die sogenannte schwache Flexion. Das Adjektiv ist somit die einzige Wortart des Deutschen, die zwei Flexionstypen hat. Das Flexionsparadigma des schwachen Adjektivs enthält ein reduziertes Formeninventar. An das Adjektiv wird entweder das Suffix *-e* oder *-en* angehängt. Wann ein Adjektiv stark und wann schwach flektiert wird, wird im folgenden Kapitel ausgeführt.

	Singular			Plural
	Maskulinum	**Femininum**	**Neutrum**	
Nominativ	nächste	nächste	nächste	nächsten
Akkusativ	nächsten	nächste	nächste	nächsten
Dativ	nächsten	nächsten	nächsten	nächsten
Genitiv	nächsten	nächsten	nächsten	weißen

Tab. 5: Flexionsparadigma des schwachen Adjektivs

3.4 Die Nominalphrase (NP)

Wir sind bisher darauf eingegangen, welche Kasusmarkierungen an welche deklinierbaren Wörter treten. Dabei haben wir gesehen, dass die Kasusanzeige hauptsächlich von den Substantivbegleitern, dem Artikelwort und dem Adjektiv, geleistet wird, während das Substantiv nur in wenigen Fällen eine Kasusmarkierung trägt.

Nun wollen wir uns diesen drei deklinierbaren Wortarten widmen, wenn sie kombiniert auftreten. Oft geht einem Substantiv ein Artikelwort und/oder ein Adjektiv voran. Zusammen mit seinen Begleitern bildet das Substantiv eine NP. Eine NP ist eine Wortgruppe, in der das Substantiv das Kernelement darstellt. Dieses Kernelement gilt als syntaktischer Kopf der Phrase und überträgt seine grammatischen Merkmale Kasus, Numerus und Genus auf die weiteren Komponenten der NP: das Artikelwort und das Adjektiv. Dadurch stimmen diese Komponenten in diesen drei Flexionskategorien überein. Man spricht hier von **Kongruenz**. So gesehen ist die NP und nicht ihre einzelnen Komponenten die Träger grammatischer Informationen, u.a. der Kasusinformation. Auch wenn eine Kasusmarkierung nur an einer Komponente der NP realisiert wird, z.B. am Artikelwort wie in (*mit*) *diesem trinkbaren Wasser*, gilt die Kasusanzeige der gesamten NP.

Die Markierung von Kasus in der NP unterliegt einer Art Ökonomie, bei der das kasusanzeigende Suffix vorzugsweise nur einmal in der NP erscheint. Dies wird als Tendenz zur **Monoflexion** bezeichnet. Dieses sprachökonomische Prinzip zeigt sich insbesondere am Flexionsverhalten von Adjektiven. So wird ein Adjektiv schwach flektiert, wenn die Kasusanzeige bereits durch das vorangehende Artikelwort geleistet ist.

(1) dieses trinkbare Wasser.
(2) (mit) diesem trinkbaren Wasser.

Die Adjektive *trinkbare* bzw. *trinkbaren* tragen die weniger aussagekräftigen Suffixe *-e* bzw. *-en*. Denn die Kasussuffixe *-es* bzw. *-em* treten bereits an das vorangehende Artikelwort *dieses* bzw. *diesem*. Sobald aber ein kasusmarkiertes Artikelwort fehlt, übernimmt das Adjektiv die Kasusmarkierung.

(3) trinkbares Wasser.
(4) (mit) trinkbarem Wasser.

Durch diese komplementäre Verteilung der Kasussuffixe, d.h. das Kasussuffix erscheint entweder am Artikelwort oder am Adjektiv, wird im Sinne der Monoflexion eine doppelte Markierung von Kasus in der NP vermieden.

Neben diesem sprachökonomischen Prinzip bei der Kasusanzeige in der NP lässt die Kasusmarkierung in derselben eine weitere Eigenschaft erkennen. Es ist die Kooperation der NP-Komponenten bei der Kasusanzeige. Denn wie bereits oben erwähnt enthalten die Paradigmen deklinierbarer Wörter zahlreiche Synkretismen. Vier der fünf Kasussuffixe, die an Artikelwörter bzw. Adjektive treten, also *-e*, *-n*, *-r* und *-s*, markieren mehr als nur einen Kasus. Nur das Suffix *-m* ist eindeutig; es markiert exklusiv den Dativ. Die Polyfunktionalität der meisten Kasussuffixe hat zur Konsequenz, dass an der markierten Komponente alleine der Kasus nicht eindeutig bestimmt werden kann.

So kann das Suffix *-r* im demonstrativen Artikelwort *dieser* den Nominativ (Sg. Mask.), den Dativ (Sg. Fem.) oder den Genitiv (Sg. Fem. bzw. Pl.) markieren. Erst in Kombination mit dem Substantiv und ggf. dem Adjektiv kann in solchen ambigen Fällen der Kasus eindeutig bestimmt werden.

(5) a. Dieser weltberühmte Mann...
     b. (Die Würde) dieser weltberühmten Menschen...

In welchem Kasus das demonstrative Artikelwort *dieser* in (5a) bzw. (5b) steht, ergibt sich nicht allein aus der Markierung des Artikelwortes, sondern erst in Kombination mit den anderen Komponenten der NP, d.h. dem Adjektiv und dem Substativ.

Aufschluss über den tatsächlich vorliegenden Kasus erhält man erst, wenn man die NP schrittweise von links nach rechts analysiert. Ausgehend vom linken Rand der NP werden nach und nach die Kasus ausgeschlossen, die mit der Adjektivform bzw. dem Numerus und/oder Genus des Substantivs nicht kompatibel sind. Dieses Verfahren soll im Folgenden auf die NPs in (5a-b) angewendet werden.

dieser	*weltberühmte*	Mann
Nom. (Sg. Mask.)?	*Sg. Mask.*	*Sg. Mask.*
Gen./Dat (Sg. Fem.)?		
Gen. (Pl.)?		

Der linke Rand der NP *dieser weltberühmte Mann*, also das demonstrative Artikelwort *dieser* selbst, verschafft keine Klarheit über den hier vorliegenden Kasus. Denn *dieser* lässt mehrere Kasusmöglichkeiten zu: Nom. (Sg. Mask.), Gen./Dat. (Sg. Fem.) und Gen. (Pl.). Geht man eine Position weiter nach rechts, findet man das Adjektiv *weltberühmte*, dessen Flexionssuffix *-e* in Kombination mit dem demonstrativen Artikelwort *dieser* Eindeutigkeit bezüglich des vorliegenden Kasus herbeiführt: Es muss der Nominativ sein. Denn nur im Nominativ (Singular Maskulinum) trägt ein Adjektiv nach der Form *dieser* das Flexionssuffix *-e*, in allen anderen Fällen weist es das Suffix *-en* auf. Zur eindeutigen Identifizierung des Kasus von *dieser* muss in (5a) das Substantiv nicht herangezogen werden, da bereits die Form des Adjektivs für Klarheit gesorgt hat.

In der NP *(die Würde) dieser weltberühmten Frauen* (5b) muss zur eindeutigen Bestimmung des Kasus von *dieser* zusätzlich zum Adjektiv *weltberühmten* auch das Substantiv *Menschen* hinzugezogen werden.

dieser	weltberühmten	*Menschen*
Nom. (Sg. Mask.)?	*Gen./Dat (Sg. Fem.)?*	*Gen. (Pl.)*
Gen./Dat (Sg. Fem.)?	*Gen. (Pl.)?*	
Gen. (Pl.)?		

Von links nach rechts scheiden Kasusmöglichkeiten für *dieser* nach und nach aus. Das Adjektiv *weltberühmten* trägt aufgrund seines Flexionssuffixes *-en* dazu bei, dass der Nominativ (Singular Maskulinum) nicht mehr infrage kommt, lässt aber immer noch drei Kasusmöglichkeiten offen: den Genitiv/Dativ (Sg. Fem.) und den Genitiv (Pl.) offen. Erst der rechte Rand der NP, das Substantiv *Menschen*, gibt endgültigen Aufschluss über den Kasus von *dieser*: Da das Substantiv *Menschen* im Plural steht, kommt nur noch der Genitiv Plural infrage.

Aufgabe 1: Erläutern Sie, inwiefern bei der Markierung von Kasus in der NP eine Tendenz zur Monoflexion besteht.

Aufgabe 2: Synkretismus, d.h. Formenzusammenfall, ist typisch für Flexionsparadigmen des Deutschen. So steht in den Beispielsätzen (1-5) ein und dieselbe Artikelform für verschiedene Kasus. (a) Für welche Kasus stehen die Artikelformen *der* bzw. *den* in (1-5)? (b) Zeigen Sie anhand der Analyse der Nominalphasen in (1-5), inwiefern bei der Identifizierung des vorliegenden

Kasus eine Kooperation zwischen dem Artikelwort, dem Adjektiv und dem Substantiv nötig ist.

(1) **Der große Salzsee** bietet eine wohltätige Abwechslung.
(2) Ich wüsste **der gerichtlichen Tragikomödie** keinen besseren Titel zu geben.
(3) Auch Churchill konnte sich **der drohenden Möglichkeiten** nicht verschließen.
(4) **Den ersten Teil** hat ein Babylonier erledigt.
(5) Von **den ewigen Identitätsdebatten** hat sie genug.

3.5 Zusammenfassung

Kasusmarkierungen sind nicht nur einer einzigen Wortart vorbehalten, sondern verteilen sich auf alle drei Komponenten der NP: das Artikelwort, das Adjektiv und das Substantiv. Dabei ist die Kasusmarkierung am Kopf der NP, dem Substantiv, am schwächsten ausgeprägt. Die Kasusanzeige übernehmen in den meisten Fällen dessen Begleiter: das Artikelwort und das Adjektiv. Unabhängig davon, an welche dieser drei Komponenten die Kasusmarkierung tritt, gilt sie der gesamten NP. Die Verteilung der Kasusmarkierungen in der NP unterliegt der Tendenz zur Monoflexion, der zufolge das Kasussuffix nur einmal in der NP erscheint: entweder am Artikelwort oder am Adjektiv. Darüber hinaus besteht bei der Kasusanzeige eine Arbeitsteilung zwischen den Komponenten der NP. Aufgrund der zahlreichen Synkretismen kann der jeweils vorliegende Kasus in den meisten Fällen erst dann eindeutig identifiziert werden, wenn die grammatischen Merkmale aller drei beteiligten Wortarten hinzugezogen werden.

Grundbegriffe: Kasusform, Kasussuffix, Synkretismus, starke Adjektivflexion, schwache Adjektivflexion, Monoflexion.

Weiterführende Literatur: Duden-Grammatik (2016: 194-218, 256-263, 363-366), Eisenberg (2000: 152-177), Thieroff/Vogel (2012), Dürscheid (1999: 12-18).

4. Kasusrektion

Bei **Kasusrektion** handelt es sich um eine syntaktische Relation zwischen zwei Elementen im Satz: einem regierenden, kasuszuweisenden und einem regierten, kasusempfangenden Element. Letzteres Element ist immer eine NP. Wie bereits oben erwähnt ist die NP Träger der Kasusinformation. Welchen Kasus sie trägt, wird allerdings nicht von der NP selbst, sondern von einem außerhalb derselben stehenden Wort bestimmt. Die NP erhält ihren Kasus von einem Wort, zu dessen Eigenschaften gehört, Kasus zuzuweisen. Wörter, die Kasus zuweisen werden auch **Kasusregenten** (Sg. **Kasusregens**) genannt, da sie einen Kasus regieren.

Als Kasusregenten fungieren im Deutschen verschiedene Wortarten. So kann eine NP ihren Kasus von einem Verb, einer Präposition, einem Adjektiv oder einem Substantiv erhalten. Dabei hängt es von den lexikalischen Eigenschaften eines Regens ab, welchen Kasus es an die von ihm regierte NP zuweist. Im Folgenden wird auf Rektionseigenschaften der einzelnen Wortarten eingegangen.

4.1 Verben

Verben können an die von ihnen regierte(n) NP(s) alle vier Kasus zuweisen. Dabei wird der Nominativ immer an das Subjekt zugewiesen, während die Objekte einen der anderen drei Kasus erhalten. Aufbauend auf der in Kapitel 2.2. erläuterten Unterscheidung zwischen Kasus rectus als Subjektkasus und Kasus obliqui als Objektkasus werden im Folgenden der Nominativ auf der einen Seite und der Akkusativ, der Dativ und der Genitiv auf der anderen Seite getrennt nacheinander behandelt.

Kasus rectus: Nominativ: Der Nominativ ist der Subjektkasus. Wie bereits in Kapitel 2.2 ausgeführt, hat der Nominativ als Subjektkasus syntaktisch gesehen einen anderen Status als die Objektkasus Akkusativ, Dativ und Genitiv. Die Asymmetrie zwischen dem Nominativ als Kasus rectus und den anderen Kasus als Kasus obliqui zeigt sich zum einen darin, dass Subjekte einheitlich und unabhängig vom jeweiligen Verb immer im Nominativ stehen, während der Kasus von Objekten variabel ist. Zum anderen, und dies hängt mit der ersten Eigenschaft zusammen, ist der Nominativ anders als die Objektkasus nicht unmittelbar von den Rektionseigenschaften des Verbs abhängig, sondern von seinen **Finitheitsmerkmalen**. So wird der Nominativ (am Subjekt) nur dann realisiert, wenn das Verb finit ist, d.h. nach Person und Numerus flektiert ist. Dieser Umstand soll an den zwei folgenden Sätzen verdeutlicht werden.

(1)   Peter hofft, das nächste Spiel haushoch zu gewinnen.
(2)   Peter hofft, dass er das nächste Spiel haushoch gewinnt.

In (1-2) liegt gleichermaßen ein komplexer Satz vor, der aus dem Hauptsatz *Peter glaubt* und einer Infinitivkonstruktion (1) bzw. einem subjunktional eingeleiteten Nebensatz (2) besteht. Während aber in (2) der eingebettete Satz ein lexikalisch realisiertes Subjekt, den Eigennamen *Peter*, aufweist, enthält der analoge Satz in (1) kein Subjekt. Das Vorhandensein bzw. das Ausbleiben eines solchen Subjekts hängt mit dem unterschiedlichen Finitheitsstatus des Verbs in der eingebetteten Konstruktion zusammen. In (1) ist *gewinnen* infinit; daher fehlt im eingebetteten Satz das Subjekt. Bei *gewinnt* in (2) handelt es sich hingegen um ein finites Verb mit der Konsequenz, dass der eingebettete Satz ein Subjekt aufweist. Denn Subjekt und finites Verb müssen in Person und Numerus kongruieren, d.h. übereinstimmen. Demgegenüber bleibt das Vorhandensein des Objekts *das nächste Spiel* vom Finitheitsstatus des Verbs unberührt. In den beiden Sätzen erscheint das Objekt unabhängig davon, ob das Verb finit (2) oder infinit (1) ist.

Streng genommen wird also der Nominativ als Kasus rectus nicht vom Verb, sondern von seinen Finitheitsmerkmalen regiert und hat somit in dieser Hinsicht einen anderen Status als die Kasus obliqui. Für den Sonderstatuts des Nominativs spricht auch die Tatsache, dass er auch von keiner anderen Wortart regiert wird, wie wir weiter unten sehen werden.

Kasus obliqui: Akkusativ, Dativ und Genitiv: Anders als der Nominativ lassen die Objektkasus Akkusativ, Dativ und Genitiv eine unmittelbare Abhängigkeit von den Rektionseigenschaften des Verbs erkennen. Es gibt weder für direkte noch für indirekte Objekte einen Einheitskasus. Vielmehr nehmen direkte und indirekte Objekte unterschiedliche Kasus an. So können direkte Objekte im Akkusativ (3), im Dativ (4) oder im Genitiv (5) stehen.

(3)   Eine Mehrheit der Bundesbürger unterstützt *seine ehrgeizigen Pläne.*
(4)   Besonders imponierte *den Kindern* die Betätigung des Martinshorns.
(5)   Das Problem bedarf *einer nachhaltigen Lösung.*

Den Verben *unterstützen, imponieren* und *bedürfen* in (3-5) ist gemeinsam, dass sie transitive Verben sind, d.h. sie fordern ein Objekt. In allen drei Fällen ist zwar das geforderte Objekt als eine NP realisiert. Allerdings unterscheiden sich die NPs in ihrem Kasus. Die Objekt-NPs *seine ehrgeizigen Pläne* (3), *den Kindern* (4) und *einer nachhaltigen Lösung* (5) stehen im Akkusativ, im Dativ bzw. im Genitiv. Die unterschiedlichen Kasus der Objekt-NPs in (3-5) hängen mit den Kasusforderungen der beteiligten Verben zusammen: *unterstützen* fordert den Akkusativ, *imponieren* den Dativ und *bedürfen* den Genitiv.

Obwohl das Objekt eines transitiven Verbs in allen drei Kasus realisiert werden kann, gilt der Akkusativ als der typische Objektkasus transitiver Verben. Im Normalfall weist ein transitives Verb seiner Objekt-NP den Akkusativ zu.

> „Wenn ein Verb ein einziges Kasusobjekt regiert, handelt es sich im Normalfall um ein Akkusativobjekt." (Duden 2016: 399)

Das Zitat legt nahe, es handle sich beim Dativ und Genitiv als Kasus von Objekten transitiver Verben um Ausnahmeerscheinungen. Dies trifft ohne Weiteres auf den Genitiv zu, der gemessen sowohl an seiner „Vorkommenshäufigkeit als auch [an seiner] strukturellen Bedeutung als Verbkomplement" die Letztposition einnimmt (Eisenberg 2004: 300). Es gibt im Gegenwartsdeutschen nur noch sehr wenige transitive Verben mit Genitivrektion. Zu den gebräuchlichsten zählen insbesondere *bedürfen, gedenken, sich bedienen, sich annehmen, sich enthalten* und *sich vergewissern*. Dabei werden im Sprachgebrauch manche dieser Verben sehr oft durch andere Verben mit ähnlicher Bedeutung, aber mit anderen Rektionseigenschaften ersetzt. So wird häufig für das Verb *bedürfen* das Verb *brauchen* bzw. *benötigen* und für das Verb *sich vergewissern* das Funktionsverbgefüge *sicherstellen* verwendet. Der Genitiv als Objektkasus hat seine Bedeutung im Laufe der Sprachgeschichte stark eingebüßt und einen deutlichen Rückgang verzeichnet. Eisenberg (2004: 300) beziffert die Anzahl von Verben, die im Gegenwartsdeutschen den Genitiv regieren einschließlich ditransitiver Verben wie *bezichtigen* und *überführen*, auf etwa fünfzig, wobei nur ein kleiner Teil von ihnen gebräuchlich sei.

Das verhält sich anders beim Dativ als Kasus von Objekten transitiver Verben. Zum einen gibt es im Gegenwartsdeutschen eine Vielzahl transitiver Verben mit Dativrektion. Zum anderen handelt es sich hierbei zum größten Teil um Verben mit einer relativ hohen Gebrauchshäufigkeit. Warum das Objekt mancher transitiver Verben im Dativ und nicht im standesgemäßen Akkusativ realisiert wird, hängt entscheidend mit der Semantik des Verbs zusammen (vgl. Kap. 7.4). Fordert das Verb zwei Objekte, wie dies bei ditranstiven Verben der Fall ist, steht das direkte Objekt immer im Akkusativ, das indirekte Objekt in der Regel im Dativ.

> „Wenn ein Verb zwei Kasusobjekte regiert, handelt es sich im Normalfall um ein Akkusativobjekt und ein Dativobjekt." (Duden 2016: 399)

Bei distransitiven Verben handelt es sich größtenteils um „Transaktionsverben" (Zifonun et al. 1997: 1309f.), zu denen hauptsächlich Verben des Nehmens und Gebens wie *geben*, *schenken* und *schicken* sowie kommunikative Verben wie *sagen*, *berichten* und *mitteilen* gehören. Das direkte Objekt steht im Akkusativ, das indirekte Objekt im Dativ.

(6)   Unser spezielles Wissen gibt *allen Beteiligten* Sicherheit.

(7)   Er teilt *den anwesenden Mitgliedern* die nächsten Sitzungstermine mit.

Während ditransitive Verben beim direkten Objekt einheitlich den Akkusativ regieren, fordern manche Verben beim indirekten Objekt einen anderen Kasus als den prototypischen Dativ. Sehr selten regiert ein ditransitives Verb auch beim direkten Objekt den Akkusativ, wie dies bei *lehren* der Fall ist.

(8)   Sie lehrt *ihn* das Klavierspielen.

Das Verb *lehren* hat eine ähnliche Semantik wie das Verb *beibringen*, dessen indirektes Objekt jedoch regulär im Dativ steht.

(9)   Sie bringt *ihm* das Klavierspielen bei.

Regelhafter wäre, wenn das Objektpronomen *ihn* in (8) auch im Dativ stünde. Diese Vorhersagbarkeit erklärt die Beobachtung, dass im heutigen Sprachgebrauch im Zusammenhang mit der Verwendung des Verbs *lehren* oft zur Ersetzung des standardsprachlichen Akkusativs durch den semantisch plausibleren Dativ kommt (also *sie lehrt **ihm** das Klavierspielen* anstatt *sie lehrt **ihn** das Klavierspielen*). Neben *lehren* nennt die Duden-Grammatik nur zwei weitere Verben, die zwei Akkusativobjekte regieren: *abfragen* und *abhören* (Duden 2016: 403), was die Seltenheit von Verben mit einer solchen Rektionseigenschaft unterstreicht.

Der Genitiv als Kasus indirekter Objekte ist zwar häufiger vertreten als der Akkusativ, dennoch können diese auch als Sonderfälle ditransitiver Verben angesehen werden. Diese Verben bilden eine isolierte Restklasse. Es handelt sich hierbei nahezu ausschließlich um Verben des strafrechtlichen Status oder der Gerichtssprache, „was ihrem Genitiv die Bezeichnung **Genitivus criminis** eingebracht hat" (Eisenberg 2004; 300). Verben wie *anklagen* (z.B. *Man hat ihn des Mordes angeklagt*) stellen Residuen eines älteren Sprachgebrauchs dar, der in der juristischen Fachsprache überlebt hat, und gelten daher als syntaktisch nicht mehr ins System integriert. Vielmehr bilden sie zusammen mit Verben mit zwei Akkusativobjekten ein von der Normalverteilung der Objektkasus abweichendes Muster, das „nicht mehr produktiv [ist]" (Duden 2016: 403).

4.2 Präpositionen

Präpositionen haben wie Verben keine einheitliche Kasusrektion. Vielmehr regieren sie alle drei Kasus obliqui: Akkusativ, Dativ und Genitiv.

(10) Das lasse ich mir mal durch *den Kopf* gehen.
(11) Wie geht es mit *dem Euro* weiter?
(12) Mit welchen Entwicklungen ist angesichts *des* Klimawandels zu rechnen?

Die Kasusrektion dient als ein Hauptkriterium zur Klassifikation von Präpositionen. So wird unterschieden zwischen akkusativ-, dativ- und genitivregierenden Präpositionen. Eine weitere Klasse bilden die sogenannten **Wechselpräpositionen**, die bei lokaler Ortsbestimmung den Dativ, bei direktionaler Ortsbestimmung den Akkusativ regieren.

Analog zu den obigen Ausführungen zu den prototypischen Kasus von Subjekt, direktem Objekt und indirektem Objekt bei Verben stellt sich auch bei Präpositionen die Frage, ob unter den drei oben genannten Kasus ein typischer Präpositionalkasus für das Deutsche ausgemacht werden kann. In vielen Arbeiten wird angenommen, dass dies der Dativ ist. So spricht Wiese (2004) in diesem Zusammenhang vom Dativ als „Default-Kasus".

> „Diese Präpositionen [bei, zu und von, S.SA] regieren [...] den Dativ, den Default-Kasus für Objekte von Präpositionen im Gegenwartsdeutschen." (Wiese 2004: 20)

An anderen Stellen derselben Arbeit nennt der Autor den Dativ den „gewöhnlichen" (ebd.: 21) bzw. den „normalen Präpositionalkasus" (ebd.: 41). Auch Eisenberg (2004) geht davon aus, dass Präpositionen im unmarkierten Fall den Dativ regieren.

> „Möglicherweise können wir sagen, eine Präposition regiere, wenn nicht ausdrücklich etwas anderes [im Lexikon] festgelegt wird, den Dativ." (Eisenberg 2004: 35).

Was spricht dafür, den Dativ als den normalen Präpositionalen Kasus anzunehmen? Aufschluss über diese Frage kann die Rektion der Wechselpräpositionen (z.B. *in, auf, unter*) geben, die wie bereits oben erwähnt bei lokaler Ortsbestimmung den Dativ, bei direktionaler Ortsbestimmung den Akkusativ regieren. Nach dem Dativ kann hier mit *wo?*, nach dem Akkusativ mit *wohin?* gefragt werden.

(13) Er wohnt in der Stadt. (*wo* wohnt er?)
(14) Er fährt in die Stadt. (*wohin* fährt er?)

Ausgehend von einem Konzept der Lokalität, bei dem *wo?* und *wohin?* zusammen mit *woher?* „die Grundunterscheidung im Bereich der Lokalität schlechthin" (Wiese 2004: 9) darstellen, kann man mit Wiese (2004) den Kasus des *wo?* im Vergleich zum Kasus des *wohin?* als unmarkiert ansehen. Demnach ist die lokale Ortsbestimmung der Normalfall beim Ausdruck von Lokalität, da sie undynamisch ist; es geht nämlich um das *wo?*. Demgegenüber ist die direktionale Ortsbestimmung dynamisch und daher im Vergleich zur lokalen Ortsbestimmung markiert. Das Verhältnis der direktionalen Ortsbestimmung (*wohin?*) benötigt gegenüber der unspezifischen lokalen Ortsbestimmung (*wo?*) eine besondere Kennzeichnung. Dies erfolgt durch den sogenannten **Richtungsakkusativ**, während für die einfache lokative Verwendung der „gewöhnliche Präpositionalkasus Dativ" (Wiese 2004: 21) gewählt wird. Für den Dativ als den normalen Präpositionalkasus spricht außerdem die morphologische Struktur von *wo?*, die einfacher ist als die von *wohin?* Dies kann als Spiegelung der Markiertheisverhältnisse von Dativ und Akkusativ als Präpositionalkasus gewertet werden: Nach dem normalen, unmarkierten Kasus wird mit dem einfachen w-Wort (*wo?*), nach dem markierten Kasus mit dem komplexeren w-Wort (*wohin?*) gefragt.

Basierend auf der Kasusrektion der Wechselpräpositionen und unter Zugrundlegung des Lokalitätskonzeptes nach Wiese (2004) wurden oben Argumente für den Dativ als den normalen, unmarkierten Präpositionalkasus angeführt, während der Akkusativ relativ zu diesem als markiert angesehen wurde. Nun stellt sich die Frage nach dem Status des Genitivs als drittem Präpositionalkasus. Obwohl eine große Zahl von Präpositionen eine Genitivrektion aufweist (in der Duden-Grammatik 2016 werden 50 Präpositionen aufgelistet), gilt der Genitiv im Vergleich zum Dativ und Akkusativ als der am wenigsten typische Präpositionalkasus.

> „Präpositionen regieren den Dativ und/oder den Akkusativ, in einer Frühphase eher den Genitiv; fast alle einfachen Präpositionen regieren den Dativ und/oder den Akkusativ, fast alle komplexen Präpositionen und präpositionsartigen Wortverbindungen dagegen den Genitiv." (Duden 2016: 613)

Ein Grund für die Randstellung des Genitivs als Präpositionalkasus liegt also darin, dass genitivregierende Präpositionen anders beschaffen sind als Präpositionen mit Dativ- oder Akkusativrektion. Dies zeigt sich darin, dass ein Großteil der Präpositionen mit Genitivrektion morphologisch komplex sind und/oder deren Herkunft noch transparent ist. Präpositionen wie *anstelle*, *aufgrund* oder *mangels* sind zusammengesetzt: *an+Stelle*, *auf+Grund* bzw. *Mangel+s*. Andere genitivregierende Präpositionen wie *kraft*, *zeit* und *fern* sind zwar morphologisch einfach, deren Herkunft ist aber ohne Weiteres erkennbar. Diese drei Präpositionen gehen auf die Substantive *Kraft* und *Zeit* bzw. auf das Adjektiv *fern* zurück. Die Genitivrektion bei dieser Gruppe von Präpositionen ist dadurch bedingt, dass diese vorwiegend entweder ein Substantiv enthalten (z.B. anstelle = an + Stelle) oder selbst auf ein Substantiv zurückgehen (zeit → Zeit). Wie wir in Kapitel 4.4. sehen werden, ist der Genitiv ein typischer Rektionskasus von Substantiven.

Eine weitere Eigenschaft genitivregierender Präpositionen ist, dass sie sprachhistorisch jünger sind als Präpositionen mit Dativ- oder Akkusativrektion. Ihre Entwicklung zu ,echten' Präpositionen ist noch nicht abgeschlossen. Daher werden sie oft **sekundäre Präpositionen** genannt und von **primären Präpositionen** wie *aus*, *bei*, *mit*, *durch* und *um* unterschieden. Dabei lässt sich die Grenze zwischen primären und sekundären Präpositionen an der unterschiedlichen Kasusrektion festmachen: Primäre Präpositionen regieren den Dativ und/oder den Akkusativ, während „Präpositionen, die ausschließlich den Genitiv regieren, [...] in keinem Fall zu den primären Präpositionen gerechnet [werden]" (Wiese 2004.: 6).

4.3 Adjektive

Auch Adjektive können Kasus regieren. Allerdings trifft dies auf nur einen relativ kleinen Teil von ihnen zu. Die meisten Adjektive haben gar keine Rektion oder regieren Präpositionalphrasen (*böse auf*, *besessen von*, *zufrieden mit...*).

Wie Präpositionen regieren Adjektive alle drei Kasus obliqui: den Akkusativ (15), den Dativ (16) oder den Genitiv (17).

(15) Sie haben **den Winter** endgültig *satt*.
(16) Innerhalb einer Lebensphase bleibt man **seinen Gewohnheiten** *treu*.
(17) Der amtierende Weltmeister war **seines Sieges** *sicher*.

Die NPs *den Winter*, *seinen Gewohnheiten* und *seines Sieges* tragen in Abhängigkeit von den Adjektiven *satt*, *treu* bzw. *sicher* unterschiedliche Kasus. Etwas ungewöhnlich ist die Position der regierten NP relativ zum regierenden Adjektiv. Anders als etwa bei Präpositionen steht das Adjektiv nach und nicht vor der von ihm regierten NP. Die Identifikation des Adjektivs als Kasusregenten wird zusätzlich dadurch erschwert, dass zwischen der regierten NP und dem Adjektiv weitere Satzlieder stehen können. So steht z.B. in (15) das Adverbial *endgültig* zwischen der regierten NP *den Winter* und dem Regens *satt*.

Weitere Beispiele für akkusativregierende Präpositionen sind u.a. *leid* (*Sie sind das ewige Kalorienzählen **leid***) und *wert* (*Das ist keinen Pappenstiel **wert***). Zu Adjektiven mit Dativrektion zählen u.a. *behilflich* (*Sie war ihm auch nicht gerade **behilflich***) und *gleich* (*es war ihm **gleich**, was zwischen den beiden alles schon gewesen ist*).

Während die Kasusrektion bei akkusativ- und dativregierenden Adjektiven stabil ist, befindet sich die Genitivrektion auf dem Rückzug. Dies zeigt sich zum einen darin, dass ursprünglich genitivregierende Adjektive vermehrt mit einer anderen Rektion gebraucht werden, wie dies bei *froh* der Fall ist, das zunehmend eine Präpositionalphrase mit *über* regiert (*Er war seines Triumphes **froh*** vs. *Er war **froh** über seinen Triumph*). Zum anderen haben andere Adjektive zwar ihre Genitivrektion beibehalten, werden aber nur selten verwendet wie beispielsweise *überdrüssig*, das größtenteils nur noch in festen Wendungen wie *der Politik überdrüssig sein* (*sie sind der Politik **überdrüssig***) belegt ist.

Damit weisen genitivregierende Adjektive ein ähnliches Verhalten auf wie Verben und Präpositionen mit Genitivrektion. In allen drei Fällen spielt der Genitiv nur eine untergeordnete Rolle. Bei Adjektiven und Verben befindet sich die Genitivrektion auf dem Rückzug; im präpositionalen Bereich ist der Genitiv lediglich der Kasus sekundärer Präpositionen.

4.4 Substantive

Substantive regieren ausschließlich den Genitiv. Damit ist das Substantiv die einzige Wortart mit einer einheitlichen Kasusrektion. Dabei tritt die regierte NP in einer attributiven Funktion auf: als Genitivattribut (*das Haus **des Nachbarn***).

> „Jedes Substantiv kann ein Genitivattribut zu sich nehmen: Es gehört zu den syntaktischen Eigenschaften der Substantive, daß sie den Genitiv regieren." (Eisenberg 2004: 246)

Eisenberg (2004: 35) spricht in diesem Zusammenhang von „kategorialer Rektion". Ein Substantiv regiert gemäß seinem kategoria-

len Status den Genitiv. Der Genitiv ist der unmarkierte und gleichzeitig der einzige Kasus, den Substantive regieren. Dabei ist es kein
Zufall, dass die attributive Relation zwischen dem Attribut *des
Nachbarn* und dem Kopfnomen *Haus* in *das Haus **des Nachbarn***
durch den Genitiv markiert wird. Vielmehr ist die Wahl des Genitivs auch semantisch motiviert. In seiner Grundbedeutung drückt
der Genitiv im Allgemeinen Possession oder Zugehörigkeit aus.
Dies ist auch die Bedeutung, in der sich das Kopfnomen und das
Genitivattribut im weiten Sinne aufeinander bezogen sind: *Das
Haus gehört zum Nachbarn* bzw. *der Nachbar besitzt das Haus.*
Diese Grundbedeutung zeigt sich u.a. dann, wenn anstatt des Geni-
tivattributs das konkurrierende präpositionale Attribut gebraucht
wird. In diesem Fall wird die Präposition *von* gewählt, die ähnlich
wie der attributive Genitiv die Bedeutung der Possession bzw. Zugehörigkeit ausdrückt (*das Haus **vom Nachbarn***).

Mit seiner einheitlichen Kasusrektion verhält sich das Substantiv
in zwei Hinsichten anders als die Kasusregenten Verben, Präpositionen und Adjektive. Zum einen regiert das Substantiv als einzige
Wortart einen einheitlichen Kasus: den Genitiv. Zum anderen ist
der Kasus, der bei allen anderen Kasusregenten eher als marginal
gilt, der einzige Kasus, den das Substantiv regiert.

Aufgabe 1: Was spricht dafür, dass Subjekte anders als Objekte ihren Kasus
nicht vom Verb, sondern von dessen Finitheitsmerkmalen zugewiesen
bekommen?
Aufgabe 2: Welche Argumente könnten dafür angeführt werden, dass der
Dativ der unmarkierte Präpositionalkasus ist?
Aufgabe 3: Während der Genitiv als von Verben, Präpositionen und
Adjektiven regierter Kasus nur eine marginale Rolle spielt, gilt er als der
prototypische Kasus des Attributs. Womit hängt es zusammen, dass der Genitiv
sich ausgerechnet im attributiven Bereich am besten erhalten hat?

4.5 Zusammenfassung

Wir haben gesehen, dass Verben, Präpositionen, Adjektive und
Substantive Kasusregenten sind, d.h. sie weisen einer von ihnen
regierten NP einen Kasus zu. Das Substantiv ist das einzige Kasusregens mit einer einheitlichen Kasusrektion. Es weist der von ihm
regierten NP immer den Genitiv zu, den prototypischen Kasus des
Attributs. Verben, Präpositionen und Adjektive regieren hingegen
alle drei Kasus obliqui. Dabei weisen Verben dem direkten Objekt

in der Regel den Akkusativ, dem indirekten Objekt den Dativ zu. Beim Nominativ hat sich gezeigt, dass er sich anders verhält als die drei anderen Kasus. Er kommt ausschließlich im Zusammenhang mit Verben als Kasus des Subjekts vor, wobei sein Erscheinen nicht vom Verb, sondern von seinem Finitheitsstatus, abhängt. Nur wenn das Verb finit ist, hat der Satz auch ein Subjekt und somit eine Nominativ-NP.

Grundbegriffe: Kasusrektion, Kasusregens, Richtungsakkusativ, Genitivus criminis, Finitheitsmerkmale, Wechselpräposition, primäre Präpositionen, sekundäre Präpositionen.

Weiterführende Literatur: Duden-Grammatik (2016: 395-406, 601-615), Eisenberg (2004), Wiese (2004), Zifonun et al. (2010: 1298-1323).

5. Kasuskongruenz

Anders als bei der Kasusrektion erhält eine NP bei **Kasuskongruenz** ihren Kasus nicht von einem Kasusregens. Vielmehr gleicht sie sich in ihrem Kasus einer vorangehenden NP an. Es besteht also eine Kongruenz, d.h. eine Übereinstimmung, im Kasus zwischen zwei NPs. Dabei gibt die erste NP ihren Kasus an die zweite NP weiter. Bei der Kasuskongruenz daher auch von Gleichsetzungskasus gesprochen.

Wir unterscheiden im Folgenden drei syntaktische Konstellationen, in denen eine NP zu ihrem Kasus durch Kongruenz kommt. Der erste Fall betrifft prädikative Konstruktionen, in denen eine NP den Nominativ des Subjekts bzw. den Akkusativ des Objekts übernimmt. Bei der zweiten Konstellation handelt es sich um Appositionen, in denen die zweite NP gemäß ihrer attributiven Funktion die erste näher bestimmt. Auch Konjunktionalphrasen, die durch *als* oder *wie* eingeleitet sind, übernehmen den Kasus der vorangehenden NP, auf die sie sich beziehen.

5.1 Prädikative Kasus

Das **Prädikativ** stellt neben dem Subjekt, dem Objekt und dem Adverbial eine weitere syntaktische Funktion dar. Oft wird das Prädikativ als NP realisiert. Dabei richtet sich der Kasus einer prädikativen NP nach dem Kasus der Bezugs-NP im selben Satz. Diese steht entweder im Nominativ und fungiert als Subjekt, oder im Akkusativ und erfüllt die Funktion des Objekts. Dementsprechend wird zwischen prädikativem Nominativ und prädikativem Akkusativ bzw. Subjektsprädikativ und Objektprädikativ unterschieden.

Prädikativer Nominativ: Der **prädikative Nominativ** wird auch Subjektsprädikativ genannt, da seine Bezugsphrase eine Subjekt-NP ist. In den allermeisten Fällen handelt es sich hierbei um Konstruktionen mit einem der drei Kopulaverben *sein, werden* oder *bleiben.* Weitere Kopulaverben, die eine Prädikativ-NP im Nominativ fordern, sind *scheinen* und *heißen.*

(1)   Sein Kind ist *ein außergewöhnliches Talent.*
(2)   Sie wird *die neue Eigentümerin.*
(3)   Er bleibt *Bundestrainer.*

In (1-3) liegt mit den NPs *ein außergewöhnliches Talent, die neue Eigentümerin* und *Bundestrainer* je ein prädikativer Nominativ vor. Alle drei NPs stehen im Nominativ und kongruieren somit mit den Bezugsphrasen *sein Kind, sie* bzw. *er,* die allesamt als Subjekt des jeweiligen Satzes fungieren. Die prädikativen NPs erhalten also ihren Kasus über Kongruenz von der Subjekt-NP. Aufgrund der Kasusidentität von Subjekt und Prädikativ wird der Kasus des Subjektsprädikativs auch Gleichsetzungsnominativ genannt. Auch inhaltlich liegt eine Referenzidentität der im Subjekt und im Prädikativ ausgedrückten Entität vor. So beziehen sich das Subjekt und das Prädikativ in (1-3) jeweils auf ein und dieselbe Person. In (1) fungiert das Prädikativ als Eigenschaftszuweiser. Es schreibt dem Subjekt *Kind* die Eigenschaft eines außergewöhnlichen Talents zu. In (2-3) hat es eine identifizierende Funktion. Es identifiziert das Subjekt als die neue Eigentümerin bzw. als der Bundestrainer.

Prädikativer Akkusativ: Ein **prädikativer Akkusativ,** auch Objektsprädikativ genannt, liegt vor, wenn die Bezugsphrase der Prädikativ-NP eine Objekt-NP im Akkusativ ist. Aufgrund dieser Kasusidentität ist auch hierfür die Bezeichnung Gleichsetzungsakkusativ gebräuchlich. Es gibt im Gegenwartsdeutschen nur sehr wenige Verben, die einen prädikativen Akkusativ fordern. Dazu gehört das Verb *nennen,* das eine besonders hohe Vorkommenshäufigkeit aufweist.

(4)   Sie nannte ihn *einen ignoranten Sesselkritiker.*

Als prädikativer Akkusativ fungiert in (4) die NP *einen ignoranten Sesselkritiker.* Diese steht deshalb im Akkusativ, da sie sich auf das Akkusativobjekt *ihn* bezieht und von diesem ihren Kasus durch Kongruenz erhält. Ein weiteres Verb, das einen prädikativen Akkusativ fordert, ist *schimpfen*. Dieses ist aber in der Verwendung mit einem prädikativen Akkusativ wie in (5) deutlich weniger gebräuchlich als *nennen*.

(5)   Die Masse schimpfte ihn *einen Verräter*.

Analog zu (4) fungiert in (5) die NP *einen Verräter* als Prädikativ, dessen Bezugsphrase das Akkusativobjekt *ihn* ist.

Dass es sich bei *einen ignoranten Sesselkritiker* in (4) bzw. *einen Dieb und Verräter* in (5) um prädikative Akkusative und nicht etwa um Akkusativobjekte handelt, zeigt eine Gegenüberstellung mit dem folgenden Satz, in dem tatsächlich zwei Akkusativobjekte vorliegen.

(6)   Sie lehrt ihn *das Klavierspielen*.

Im Unterschied zu (4-5) erhalten beide Akkusativ-NPs in (6) *ihn* und *das Klavierspielen* vom Verb *lehren* ihre Kasus zugewiesen. Die zwei Objekts-NPs referieren zudem auf zwei verschiedene Entitäten. In (4-5) erhält hingegen nur jeweils die erste Akkusativ-NP *ihn* unmittelbar vom Verb *nennen* bzw. *schimpfen* ihren Kasus zugewiesen. Demgegenüber kommen die Akkusativ-NPs *einen ignoranten Sesselkritiker* (4) bzw. *einen Verräter* in (5) dadurch zu ihrem Kasus, indem sie mit der jeweiligen Objekts-NP kongruieren. Im Unterschied zu (6) sind die zwei Akkusativ-NPs in (4-5) *ihn* und *einen ignoranten Sesselkritiker* bzw. *einen Verräter* referenzidentisch sind, d.h. sie beziehen sich jeweils auf ein und dieselbe Person. Um zu ermitteln, ob es sich bei einer Akkusativ-NP um einen prädikativen Akkusativ handelt, kann die folgende Probe eingesetzt werden. Die infrage kommende NP wird in einen prädikativen Nominativ umgewandelt, indem das entsprechende Verb, z.B. *sein*, verwendet wird: *er ist ein ignoranter Sesselkritiker* bzw. *er ist ein Verräter*. Funktioniert die Probe, liegt mit der betreffenden NP ein prädikativer Akkusativ vor.

5.2   Appositionen

Appositionen sind NPs, die als Attribut zu einer vorangehenden NP fungieren. Dabei bestimmt die appositive NP die vorangehende, übergeordnete NP näher und bildet mit dieser eine identische Referenz; d.h. beide NPs beziehen sich auf dieselbe Person bzw. dasselbe Objekt.

(7)   Joschka Fischer, *der damalige Außenminister*, wird Gastdozent in
       Princeton.

In (7) steht die NP *der damalige Außenminister* in Apposition zur Bezugs-NP *Joschka Fischer*. Ein besonderes syntaktisches Kennzeichen von appositiven im Unterschied zu anderen attributiven NPs ist, dass sie mit der Bezugs-NP weder durch ein Einleitungswort verbunden sind, wie dies bei Konjunktionalphrasen der Fall ist (vgl. Kap. 5.3), noch sind sie durch einen besonderen Kasus markiert, wie man es von Genitivattributen kennt. Vielmehr zeichnen sich appositive NPs dadurch aus, dass sie an ihre Bezugs-NP lose angeschlossen sind. Die beiden NPs sind aneinandergereiht. Appositive NPs wie *der damalige Außenminister* in (7) werden **lockere Appositionen** genannt. Sie bilden eine Art Parenthese. In der geschriebenen Sprache sind sie von der Bezugs-NP durch ein Komma abgegrenzt, in der gesprochenen Sprache werden sie stimmlich abgesetzt.

Was Kasus angeht, stehen appositive NPs gewöhnlich im selben Kasus wie ihre Bezugs-NP. So steht *der damalige Außenminister* deshalb im Nominativ, weil *Joschka Fischer* in diesem Kasus steht. Eine Änderung des Kasus der Bezugs-NP zieht eine entsprechende Anpassung des Kasus der appositiven NP nach sich.

(8)   Sie trifft heute Joschka Fischer, *den damaligen Außenminister.*

(9)   Die Partei verfügte mit Joschka Fischer, *dem damaligen Außenminister,* über ein rhetorisches Talent.

(10)   Er entsann sich Joschka Fischer, *des damaligen Außenministers.*

Wie aus den Beispielen in (8-10) hervorgeht, passt sich der Kasus der appositiven NP dem Kasus ihrer Bezugs-NP an. In (8) steht die appositive NP im Akkusativ, in (9) im Dativ und in (10) im Genitiv.

Auch eine **enge Apposition**, der weitere Typ von Appositionen, kommt zu ihrem Kasus dadurch, dass sie mit ihrer Bezugs-NP kongruiert. Im Vergleich zur lockeren Apposition bildet die enge Apposition zusammen mit ihrer Bezugs-NP syntaktisch wie intonatorisch eine festere sprachliche Einheit. Anders als bei den lockeren Appositionen werden enge Appositionen weder stimmlich abgesetzt noch von ihrer Bezugs-NP durch ein Komma getrennt. Zu den engen Appositionen zählen u.a. nachgestellte Beinamen mit Artikel wie Heinrich *der Löwe*. Der Beiname *der Löwe* gilt als enge Apposition zum Eigennamen *Heinrich*. Der Kasus der appositiven NP *der Löwe* variiert in Abhängigkeit vom Kasus der Bezugs-NP *Heinrich*.

(11)   Heinrich *der Löwe* hat den Burgplatz im 12. Jahrhundert zum Zentrum der Macht ausgebaut.

(12)   Diese Schädigung brachte ihn gegen Heinrich *den Löwen* auf.

(13) Die Burg Lichtenberg gehörte Heinrich *dem Löwen* aus dem Haus der Welfen.

(14) Mit dem Herrschaftsantritt des noch minderjährigen Heinrich *des Löwen* wuchs der Widerstand der Reichsfürsten.

Analog zu den lockeren Appositionen in (7-10) ändert die enge Apposition *der Löwe* ihren Kasus, indem sie sich darin ihrer Bezugs-NP *Heinrich* anpasst. So steht sie dem Kasus von *Heinrich* entsprechend in (11) im Nominativ (*der Löwe*), in (12) im Akkusativ (*den Löwen*), in (13) im Dativ (*dem Löwen*) und in (14) im Genitiv (*des Löwen*).

Auch bei den sogenannten **partitiven Appositionen** kommt es zur Kasuskongruenz zwischen zwei NPs. Bei einer partitiven Apposition handelt es sich oft um eine attributive NP, die nach einer Maßangabe steht.

(15) Trinken Sie zu **einer Tasse** *Kaffee* immer **ein Glas** *Wasser*?

In (15) haben wir mit *einer Tasse* und *ein Glas* je eine Maßangabe vorliegen. Auf beide Maßangaben folgt eine Ein-Wort-NP: *Kaffee* bzw. *Wasser*. Diese werden Artangaben genannt, da sie die Art der Substanz bezeichnen, deren Menge durch die Maßangabe quantifiziert wird. Da jedoch *Kaffee* und *Wasser* keinerlei Hinweise darauf enthalten, in welchem Kasus sie stehen, kann nicht festgesellt werden, ob die Maß- und die Artangabe in Kasus kongruieren. Aufschlussreich ist an dieser Stelle, die Artangaben *Kaffee* und *Wasser* durch je ein Adjektiv zu attribuieren.

(16) Trinken Sie zu **einer Tasse** *schwarzem Kaffee* immer **ein Glas** *stilles Wasser*?

Durch die Einfügung der Adjektive *schwarzem* bzw. *stilles* werden die Kasusverhältnisse erkennbar. Die Artangabe *schwarzem Kaffee* steht im Dativ und kongruiert mit der Maßangabe *einer Tasse* in Kasus. Analoges gilt für die Artangabe *stilles Wasser*, die deshalb im Akkusativ steht, weil ihre Bezugs-NP, die Maßangabe *ein Glas*, auch diesen Kasus trägt.

Allerdings besteht nicht immer Kasuskongruenz zwischen einer Maß- und Artangabe. Vielmehr können die zwei NPs in zwei unterschiedlichen Kasus stehen (vgl. Kap. 10.2).

5.3 Konjunktionalphrasen

Mit Konjunktionalphrasen werden NPs bezeichnet, die mit einer Konjunktion wie *als* oder *wie* eingeleitet sind und eine vorangehende NP als Bezugsphrase haben.

(17) Seine Mitarbeiterin bezeichnete er *als den guten Geist der Veranstaltung.*
(18) Sie vertraute ihm *wie einem Bruder.*

Dabei erhält die durch die Konjunktion *als* bzw. *wie* eingeleitete NP ihren Kasus von ihrer Bezugs-NP durch Kongruenz. So übernimmt die NP *den guten Geist* in (17) ihren Akkusativ von der übergeordneten NP *seine Mitarbeiterin*, die in diesem Satz als Objekt fungiert und im Akkusativ steht. Kasuskongruenz liegt auch zwischen der NP *einem Bruder* und ihrer Bezugs-Phrase *ihm* in (18) vor; beide stehen im Dativ.

Neben *als* und *wie*, die als reine Konjunktionen gelten, werden Konjunktionalphrasen durch weitere Konjunktionen eingeleitet wie *statt* und *außer*, die auch als Präpositionen verwendet werden.

(19) *Statt den besserbezahlten Job* nahm er den sicheren.
(20) Lea und Bella haben auch nichts gemeinsam *außer die Vorliebe für Bücher!*

In (19-20) liegt je eine konjunktionale Verwendung von *statt* und *außer* vor. Die NPs *den besserbezahlten Job* und *die Vorliebe (für Bücher)* erhalten ihren Kasus, in beiden Fällen den Akkusativ, nicht durch Kasusrektion von *statt* bzw. *außer*, sondern durch Kasuskongruenz von *den sicheren (Job)* bzw. *nichts*. Genauso möglich ist auch eine Verwendung von *statt* und *außer* als Präpositionen.

(21) *Statt des besserbezahlten Jobs* nahm er den sicheren.
(22) Lea und Bella haben auch nichts gemeinsam *außer der Vorliebe für Bücher!*

In (21-22) werden die NPs *des besser bezahlten Jobs* und *der Vorliebe (für Bücher)* von den Präpositionen *statt* und *außer* regiert und erhalten von diesen ihren Kasus: den Genitiv bzw. den Dativ.

Strukturell sind Konjunktionalphrasen wie in (17-20) und Präpositionalphrasen wie in (21-22) ähnlich aufgebaut: In beiden Fällen handelt es sich um eingeleitete NPs. Wird die NP durch eine Konjunktion eingeleitet, fungiert diese als ‚Kasusvermittler' zwischen der Bezugsphrase und der eingeleiteten NP. Geht der NP eine Präposition voraus, hat diese die Funktion, dieser NP den Kasus zuzuweisen, den sie regiert (vgl. Kap. 4.2).

Anders als Appositionen, die immer die syntaktische Funktion des Attributs haben, sind Konjunktionalphrasen nicht auf einzige

Funktion festgelegt. Sehr häufig treten sie als Adverbiale wie in (23-24)

(23) Er hat *als guter Spieler* einfach höhere Ansprüche.
(24) Er respektiert ihn *als guten Spieler*.

oder als Prädikative wie in (25-26) auf.

(25) Dies weist ihn *als guten Spieler* aus.
(26) Er gilt zurzeit *als der beste Spieler der Welt*.

Prädikative können also nicht nur als reine NPs wie in (1-5) (vgl. Kap. 5.1), sondern auch als Konjunktionalphrasen wie in (25-26) realisiert werden. Prädikative Konjunktionalphrasen kongruieren genauso wie prädikative NPs entweder mit dem Subjekt oder mit dem Akkusativobjekt. So kongruiert in (25) die prädikative Konjunktionalphrase *als guten Spieler* mit dem direkten Objekt *ihn* und steht daher im Akkusativ. In (26) steht die prädikative Konjunktionalphrase *als der beste Spieler (der Welt)* im Nominativ, da ihre Bezugs-NP das Subjekt *er* ist, mit dem sie in Kasus kongruiert.

Konjunktionalphrasen kommen aber auch in attributiver Verwendung vor.

(27) So ein Sportler *wie er* kann mich schon motivieren, hart zu arbeiten.
(28) Dem Börsenverein *als drittem Sparringspartner* fällt jetzt eine undankbare Aufgabe zu.
(29) Wer diesen Film *als zurückhaltenden Geschichtenerzähler* verstehen will, wird bitter enttäuscht sein.

Die Konjunktionalphasen *wie er*, *als drittem Sparringspartner* und *als zurückhaltenden Geschichtenerzähler* beziehen sich in (27-29) attributiv auf ihre jeweilige Bezugs-NP *ein Sportler*, *dem Börsenverein* bzw. *diesen Film* und kongruieren mit diesen in Kasus.Unabhängig davon, ob Konjunktionalphrasen als Prädikativ, Adverbial oder Attribut fungieren, verhalten sie sich mit Blick auf ihren Kasus einheitlich: Sie kongruieren in Kasus mit ihrer Bezugs-NP.

Aufgabe 1: Worin unterscheidet sich das syntaktische Verhältnis der Kasuskongruenz von dem der Kasusrektion?
Aufgabe 2: Die Sätze (1-2) enthalten je zwei NPs im Akkusativ. In welchem Satz liegen zwei Akkusativobjekte, und in welchem ein Akkusativobjekt und ein prädikativer Akkusativ vor? Begründen Sie Ihre Antwort.
(1) Man hat ihn Lateinvokabeln abgefragt.
(2) Ich hatte ihn den Offenherzigen getauft.

Aufgabe 3: Die Sätze (1-2) haben unterschiedliche Bedeutungen. Inwiefern trägt die Kasuskongruenz zur eindeutigen Interpretation der Sätze (1-2) bei?

(1)   Als erfahrenem Trainer traue ich ihm die Weltmeisterschaft zu.

(2)   Als erfahrener Trainer traue ich ihm die Weltmeistershaft zu.

5.4 Zusammenfassung

Wir haben in diesem Kapitel syntaktische Konstellationen kennengelernt, in denen eine NP dadurch zu ihrem Kasus kommt, dass sie mit ihrer Bezugsphrase kongruiert. Dies ist der Fall bei prädikativen Konstruktionen, bei Appositionen und bei durch die Konjunktion *als* oder *wie* eingeleiteten NPs. Man spricht in diesem Zusammenhang auch vom Gleichsetzungskasus. Dabei spiegelt die (grammatische) Kasusidentität der zwei NPs eine inhaltliche Gleichheit der beteiligten NPs wider. Die zwei NPs sind referenzidentisch, d.h. sie beziehen sich auf dieselbe Entität. Syntaktisch-funktional haben die kongruierenden NPs nicht denselben Status. Während prädikative NPs Satzglieder sind, haben Appositionen lediglich den Status eines Gliedteils; sie fungieren als Attribute. Konjunktionalphrasen treten in unterschiedlichen syntaktischen Funktionen auf. Sie können Satzglieder sein, dann sind sie Prädikative oder Adverbiale. In anderen Fällen haben sie eine attributive Funktion.

Grundbegriffe: Kasuskongruenz, prädikativer Nominativ, prädikativer Akkusativ, Subjektsprädikativ, Objektsprädikativ, Gleichsetzungsnominativ, Gleichsetzungsakkusativ, Apposition, lockere Apposition, enge Apposition, partitive Apposition, Konjunktionalphrase.

Weiterführende Literatur: Hentschel (2010: 31-35; 198-200; 207-210; 213; 256-258), Duden-Grammatik (2016: 799-807; 841-844; 979-994), Dolińska (2012), Lawrenz (1993).

6. Freie Kasus

Bisher haben wir zwei Konstellationen kennengelernt, wie eine NP zu ihrem Kasus kommt, nämlich zum einen mittels Kasusrektion und zum anderen durch Kasuskongruenz. Im ersteren Fall weist ein kasusregierendes Element, z.B. ein Verb oder eine Präposition, der von ihm regierten NP einen Kasus zu. In der zweiten Konstellation wird der Kasus dadurch realisiert, indem die NP den Kasus einer weiteren NP im Satz, ihrer Bezugs-NP, übernimmt. Der Kasusrektion und der Kasuskongruenz ist gemeinsam, dass der Kasus einer NP in Abhängigkeit von einem anderen Element im Satz bzw. in der Phrase realisiert wird.

Das verhält sich beim **freien Kasus** anders. Denn in dieser Konstellation lässt sich keine sprachliche Einheit ausmachen, von der der Kasus der betreffenden NP unmittelbar abhängt. Vielmehr ist der Kasus in seinem Vorkommen frei. Es wird auch z.T. von semantischer Kasuszuweisung gesprochen, da die NP den Kasus aufgrund ihrer Bedeutung im Satz erhält. Alle drei Kasus obliqui können im Deutschen als freie Kasus auftreten.

6.1 Der freie (adverbiale) Akkusativ

Als freier Akkusativ werden NPs bezeichnet, die im Akkusativ stehen und als Adverbial fungieren. Aufgrund seiner adverbialen Funktion hat sich für den freien Akkusativ die Bezeichnung **adverbialer Akkusativ** eingebürgert. In (1) liegt ein solcher Akkusativ vor.

(1) Er hat *den ganzen Tag* nur von ihnen gesprochen.

Bei der NP *den ganzen Tag* in (1) handelt es sich um einen adverbialen Akkusativ. Die betreffende NP tritt hier in einer für den adverbialen Akkusativ typischen Funktion auf, nämlich einen Zeitpunkt bzw. eine Zeiterstreckung auszudrücken. Der Kasus der NP *den ganzen Tag* ist 'intrinsisch' motiviert und zwar insofern, als er durch die temporale Semantik dieser NP bedingt ist. Der Akkusativ wird also nicht etwa vom Verb *sprechen* regiert; er ist vielmehr frei. Diese Eigenschaft unterscheidet den adverbialen Akkusativ vom Akkusativobjekt, das immer von einem Verb regiert ist.

Zur Abgrenzung von adverbialen Akkusativen und Akkusativobjekten werden verschiedene Proben angewendet. Eine davon ist die **Pronominalisierungsprobe**. Bei dieser Probe geht es darum, ob die betreffende Akkusativ-NP als Pronomen realisiert werden kann. So können freie Akkusative im Unterschied zu Akkusativobjekten nicht pronominalisiert werden, wie die folgenden Beispiele zeigen.

(2) Er misst *den Luftdruck* → Er misst *ihn*.
(3) Er misst *einen Meter und achtundsiebzig Zentimeter* → *Er misst *ihn*.

Bei ein und demselben Verb *messen* führt die Pronominalisierung der jeweiligen Akkusativ-NP in (2) und (3) zu verschiedenen Ergebnissen. Während in (2) auch nach der Pronominalisierung der NP *den Luftdruck* der Satz weiterhin grammatisch bleibt, führt diese in (3) zur Ungrammatikalität. Durch die Pronominalisierungsprobe lässt sich also im Zweifelsfall ein freier Akkusativ von einem Akkusativobjekt abgrenzen.

Eine weitere Probe zur Abgrenzung von adverbialen Akkusativen und Akkusativobjekten ist die **Erfragbarkeitsprobe**. Adverbiale Akkusative und Akkusativobjekte verhalten sich hinsichtlich ihrer **Erfragbarkeit** unterschiedlich.

(4)   Er misst *den Luftdruck* → *Was* misst er?
(5)   Er misst *einen Meter und achtundsiebzig Zentimeter* → **Was* misst er?

Akkusativobjekte lassen sich durch das Fragepronomen *wen* bei belebten bzw. *was* bei unbelebten Entitäten erfragen. Wie (5) zeigt, resultiert hingegen die Verwendung desselben Fragepronomens bei der Frage nach dem adverbialen Akkusativ *einen Meter und achtundsiebzig Zentimeter* in eine ungrammatische Konstruktion.

Anders als bei Akkusativobjekten wird nach einem adverbialen Akkusativ wie in (6) mit dem Interrogativadverb *wie* in Kombination mit anderen Wörtern gefragt, im vorliegenden Beispiel in Kombination mit dem Adjektiv *viel*, also *wie viel*.

(6)   Er misst *einen Meter und achtundsiebzig Zentimeter* → *Wie viel* misst er?

Weitere für das Erfragen eines adverbialen Akkusativs typische Kombinationen aus dem Interrogativadverb *wie* und einem Adjektiv sind u.a.: *wie weit, wie hoch, wie warm, wie lange*... Der Gebrauch dieser Kombinationen beim Erfragen adverbialer Akkusative steht in engem Zusammenhang mit der semantischen Funktion, die diese erfüllen. Ein adverbialer Akkusativ drückt oft „ein Maß aus, z.B. eine Stecke, eine Frist, ein Gewicht, eine Temperatur oder einen Geldbetrag" (Duden-Grammatik 2016: 828).

Oft tritt ein adverbialer Akkusativ zusammen mit dem Adjektiv auf, das in der Frage-Kombination mit *wie* verwendet wird.

(7)   a. Ein Fußballtor ist exakt *7.32 Meter **breit*** und *2.44 Meter **hoch***.
        b. ***Wie breit*** bzw. *wie **hoch*** ist ein Fußballtor?
(8)   a. Die Tür stand *einen Spalt **weit*** offen.
        b. ***Wie weit*** stand die Tür offen?
(9)   a. Sie debattierten *einen ganzen Tag **lang*** über die Vision einer atomwaffenfreien Welt.
        b. ***Wie lange*** debattierten sie über die Vision einer atomwaffenfreien Welt?

Die Adjektive *breit, hoch, weit* bzw. *lang* sind fester Bestandteil des Interrogativausdrucks, der beim Erfragen des Adverbials verwendet ist: *wie breit? Wie hoch? Wie weit? Wie lange?* Dennoch fungieren die Adjektive in (7-9) nicht als Kasusregenten. Vielmehr ist die Abhängigkeit des adverbialen Akkusativs vom Adjektiv rein semantisch, insofern als dieses die durch den adverbialen Akkusativ gemachte Angabe lediglich in Bezug auf ein bestimmtes Maß spezifiziert (Länge, Breite, Höhe, Gewicht…). Der Akkusativ ergibt sich hier nicht etwa aus einem Rektionsverhältnis, sondern aus der Eigenschaft des Adverbials selbst, ein Maß auszudrücken.

Dass es sich beim adverbialen Akkusativ nicht um einen regierten, sondern um einen freien, semantisch motivierten Kasus handelt, zeigt sich bei den sogenannten Maßverben wie *dauern*, *messen* und *wiegen*, die eine Akkusativ-NP als obligatorisches Satzglied fordern.

(10) Die gesamte Aktion dauerte *einen halben Tag*.
(11) Das Grundstück misst *einen Hektar*.
(12) Die Ladung wog *eine Tonne*.

Alle drei Akkusativ-NPs in (10-12) geben ein Maß an, entweder eine Dauer (10), eine Fläche (11) oder ein Gewicht (12), und gehören jeweils zur Komplementstruktur des Verbs (vgl. Kap. 7.1). Ihr Kasus, also der Akkusativ, wird jedoch nicht vom Verb regiert. Vielmehr ist er, genauso wie der zusammen mit einem Adjektiv auftretende freie Akkusativ (7-9), in der Semantik der betreffenden NP selbst begründet, ein Maß auszudrücken. Dass es sich bei den NPs in (10-12) um adverbiale Akkusative und nicht um vom Verb regierte Akkusativobjekte handelt, zeigen die oben erwähnten Proben der Pronominalisierung und der Erfragbarkeit. Zum einen lassen sich die Akkusativ-NPs in (10-12) nicht durch ein Pronomen ersetzen. Zum anderen müssen sie durch je einen *wie*-Ausdruck (*wie lang? wie groß?* bzw. *wie schwer?*) und nicht durch das einfache Fragewort *was* bzw. *wen* erfragt werden.

Oft tritt der adverbiale Akkusativ auch in Verbindung mit den sogenannten durativen Verben auf, die keine Maßverben sind. Verben mit einer durativen Semantik kennzeichnen einen Zustand oder eine Aktivität als andauernd und nicht vollendet. Im Unterschied aber zu den Verben in (10-12) gehört der adverbiale Akkusativ bei durativen Verben wie *laufen* oder *schlafen* nicht zur Komplementstruktur des Verbs. Sie können ohne Auswirkung auf die Grammatikalität des Satzes weggelassen werden.

(13) a. Sie liefen *drei lange Stunden* durch etliche dunkle Gassen.
      b. Sie liefen durch etliche dunkle Gassen.
(14) a. Er schlief *einen ganzen Tag*.
      b. Er schlief.

Die NPs *drei lange Tage* und *einen ganzen Tag* in (13-14) drücken eine Zeiterstreckung aus. Sie stehen im Akkusativ aufgrund ihrer Bedeutung, eine Frist anzugeben. Auch hier tragen die Pronominalisierungs- und die Erfragbarkeitsprobe dazu bei, den freien Status dieser Akkusativ-NPs zu ermitteln. Keine der beiden NPs in (13-14) lässt sich durch das Pronomen *ihn* ersetzen. In beiden Fällen erfolgt das Erfragen der betreffenden NP durch das Interrogativadverb *wie* in Kombination mit dem Adjektiv *lange*: *wie lange liefen sie?* bzw. *wie lange schlief er?*

6.2 Der freie Dativ

Beim **freien Dativ** handelt es sich um NPs, die im Dativ stehen, aber ein lockereres Verhältnis zum Verb aufweisen als Dativobjekte. Ein freier Dativ wird anders als ein Dativobjekt nicht vom Verb regiert. Seinen Kasus bekommt er nicht von diesem zugewiesen. Vielmehr ist dieser semantisch motiviert, d.h. die NPs stehen aufgrund ihrer Bedeutung im Satz im Dativ.

Abhängig von der Bedeutung, die ein freier Dativ ausdrückt, werden traditionell fünf Untertypen des freien Dativs unterschieden: der **dativus commodi** (15), der **dativus incommodi** (16), der **dativus possessivus** (17), der **dativus iudicantis** (18) und der **dativus ethicus** (19).

(15) Er repariert *seinem Nachbarn* das Garagentor. (dativus commodi)
(16) Das Mädchen hat *ihr* beim Spielen die schöne Vase zerbrochen. (dativus incommodi)
(17) Der Vater sieht *seiner Tochter* in die Augen. (dativus possessivus)
(18) Die Arbeiten kommen *mir* zu langsam voran. (dativus iudicantis)
(19) Dass du *mir* bloß nicht krank wirst! (dativus ethicus)

Eine zentrale Frage bei der Bestimmung von freien Dativen betrifft ihre Abgrenzung gegenüber Dativobjekten. Aufgrund dessen, dass freie Dative und Dativobjekte ähnliche Bedeutungen ausdrücken, gelten die Grenzen zwischen diesen beiden Untertypen von Dativ-NPs oft als fließend. In der Literatur besteht kein Konsens darüber, wann es sich bei einer Dativ-NP um ein Objekt und wann um einen freien Dativ handelt. Schaut man sich die Beispiele in (15-19) an, so dürfte es jedoch einleuchten, dass der Status der jeweiligen Dativ-NP ein anderer ist als etwa der Status der Dativ-NP *den Kindern* in dem Satz *Der Patenonkel schenkt den Kindern einen Nussknacker.* Hier wird die Dativ-NP vom Verb *schenken* regiert und gehört somit fest zur dessen Komplementstruktur (vgl. Kap. 7.1).

Die Dativ-NP *seinem Nachbarn* in (15) wird hingegen nicht vom Verb *reparieren* gefordert, sondern lediglich zugelassen und bezeichnet den Nutznießer der vom Verb bezeichneten Handlung. Der *dativus commodi* lässt sich ohne Bedeutungsänderung auch durch eine *für*-Präpositionalphrase ersetzen.

(20) Er repariert *für seinen Nachbarn* das Garagentor.

Durch die Ersetzungsprobe wird der Unterschied zum Dativobjekt deutlich. Denn diese Probe funktioniert nicht bei Dativobjekten, wie das folgende Beispiel zeigt.

(21) Der Patenonkel schenkt den Kindern einen Nussknacker.
(22) *Der Patenonkel schenkt *für die Kinder* einen Nussknacker.

Die Ersetzung der Dativ-NP *den Kindern* durch eine *für*-Präpositionalphrase resultiert in eine ungrammatische Konstruktion (22).

Ähnliches gilt auch für den *dativus incommodi*, den Dativ des Geschädigten. In (16) gehört die Dativ-NP *ihr* nicht zur Komplementstruktur des Verbs *zerbrechen*, sondern wird lediglich von diesem aufgrund seiner Semantik ermöglicht. Oft werden der *dativus commodi* und der *dativus incommodi* in einer Kategorie zusammengefasst, da in den beiden Fällen dieselbe Grundbedeutung ausgedrückt wird. Der Handlungsträger wird entweder bevorteilt, dann ist er Nutznießer der Handlung. Oder er wird benachteiligt, dann ist er Geschädigter der Handlung (vgl. Schöfer 1992: 96f.).

Der *dativus possessivus*, auch Pertinenzdativ genannt, bezeichnet ein Zugehörigkeitsverhältnis im weiteren Sinne und drückt typischerweise eine Teil-Ganzes-Relation wie z.B. die Relation von Körperteilen zu einem Lebewesen aus. So wird in (17) die Zugehörigkeit der Augen zur Tochter dadurch zum Ausdruck gebracht, dass die NP *seiner Tochter* in den Dativ gesetzt wird. Aufgrund seiner Bedeutung lässt sich der *dativus possessivus* ohne Weiteres in ein Genitivattribut umwandeln (23) oder durch ein possessives Artikelwort ersetzen (24).

(23) Der Vater sieht in die Augen *seiner Tochter*.
(24) Der Vater sieht *ihr* in die Augen.

Die prinzipielle Ersetzbarkeit des *dativus possessivus* durch alternative Konstruktionen wie in (23-24) unterscheidet ihn vom Dativobjekt. Ein Dativobjekt kann weder durch ein Genitivattribut noch durch ein possessives Artikelwort ersetzt werden.

Der *dativus iudicantis*, der Dativ des Beurteilers, kommt ausschließlich im Zusammenhang mit Adjektivphrasen vor, die durch

Gradpartikeln wie *zu* oder *genug* modifiziert sind (*die Arbeiten gehen mir zu langsam voran / die Arbeiten gehen mir (nicht) schnell genug voran*). Der *dativus iudicantis* drückt die Einschätzung eines Sachverhaltes aus, indem die Realität mit der persönlichen Meinung bzw. Erwartung in Beziehung gesetzt wird. Den *dativus iudicantis* erkennt man daran, dass er sich durch Satzadverbiale wie *meiner Meinung* nach oder *meines Erachtens* ersetzen lässt.

(25)   Die Arbeiten gehen *meiner Meinung* nach zu langsam voran.
(26)   Die Arbeiten gehen *meines Erachtens* (nicht) schnell genug voran.

Neben seiner Ersetzbarkeit durch Ausdrücke der persönlichen Einschätzung wie in (25-26) lässt sich der dativus iudicantis dadurch charakterisieren, dass sein Auftreten nicht auf eine bestimmte semantische Klasse von Verben beschränkt ist, sondern mit sämtlichen Verben kombinierbar ist.

Der *dativus ethicus*, der ethische Dativ, kommt in Sätzen mit emotionalem Charakter vor. Es handelt sich dabei zum einen um Imperativsätze, in denen der Aufforderung durch die Dativ-NP Nachdruck verliehen werden soll (*dass du mir bloß nicht krank wirst!*) Zum anderen sind es Exklamativsätze, in denen eine Bewunderung bzw. Verwunderung ausgedrückt wird (*du bist mir aber ein lustiger Geselle!*). Insbesondere aufgrund seines ungewöhnlichen syntaktischen Verhaltens und seiner besonderen Semantik gilt der *dativus ethicus* nach allgemeiner Auffassung als Sondertyp unter den Dativ-NPs (Ogawa 2003: 124; Gutzmann 2007). Anders als Dativobjekte und die restlichen Untertypen des freien Dativs ist der *dativus ethicus* in seiner kategorialen Realisierung auf Pronomen beschränkt, wie z.B. *mir*, und kann nicht als volle NP auftreten.

(27)   *Du bist *deiner Mutter* aber ein lustiger Geselle!

Auch hinsichtlich der Wortstellung unterliegt der *dativus ethicus* als einziger Dativtyp der Einschränkung, dass er nicht am Anfang des Satzes stehen kann.

(28)   **Mir* bist du aber ein lustiger Geselle!

Des Weiteren unterscheidet sich der dativus ethicus von den anderen Dativtypen darin, dass er nicht erfragbar ist.

(29)   **Wem* bist du/ist er aber ein lustiger Geselle?

Um die Abgrenzung freier Dative von Dativobjekten operationalisierbar zu machen, wollen wir an dieser Stelle das von Hole (2014: 12ff.) vorgeschlagene Kriterium der „implikativen Weglassprobe" anwenden. Anhand der implikativen Weglassprobe wird überprüft, ob eine im Satz nicht realisierte Dativ-NP zwangsläufig mitverstanden wird. Ist dies der Fall, liegt ein Dativobjekt vor, andernfalls handelt es sich bei der NP um einen freien Dativ. In (30-31) sind Beispiele für ersteren Fall (Hole 2014: 13).

(30)   Paula gibt *ihrem Bruder* einen Lolli.
(31)   Paula gibt einen Lolli.

In (31) liegt eine Implikation vor, da es zwangsläufig jemanden gibt, dem der Lolli gegeben wird (vgl. (30)). Daher handelt es sich bei der ergänzten Dativ-NP *ihrem Bruder* um ein Dativobjekt. Bei freien Dativen, wie z.B. dem dativus commodi in (32), fehlt hingegen eine solche Implikation.

(32)   Er repariert *ihm* das Fahrrad.
(33)   Er repariert das Fahrrad

Der Satz in (33) impliziert, anders als der Satz in (31), keinen weiteren Beteiligen am Sachverhalt des ‚Reparierens‘. Es muss also keinen geben, für den das Fahrrad repariert wird. Die in (32) hinzugefügte Dativ-NP *ihm* ist demzufolge ein freier Dativ.

Ähnlich verhalten sich die anderen freien Dative, wie das folgende Satzpaar mit und ohne *dativus possessivus* zeigt (Hole 2014: 13).

(34)   Paula tritt auf den Mantel
(35)   Paula tritt *ihm* auf den Mantel.

So impliziert der Satz in (34) nicht, dass es jemanden gibt, dem Paula auf den Mantel tritt. Es liegt also hier keine Implikationsrelation vor. So kann man den Sachverhalt in (35) mit einer Situation assoziieren, in der jemand einen langen Mantel trägt und Paula ihm von hinten darauf tritt. Demgegenüber kann man sich die Situation in (34) so vorstellen, dass Paula auf einen Mantel tritt, der auf dem Boden liegt und dessen Besitzer davon nichts erfährt bzw. gar nicht anwesend ist. Somit ergibt die implikative Weglassprobe für die Dativ-NP in (35), dass ein freier Dativ vorliegt.

Analog dazu kann beim dativus iudicantis verfahren werden. So impliziert der Satz

(36)   Das Hemd ist zu teuer.

nicht, dass es jemanden gibt, dem das Hemd zu teuer ist. Der Satz in (36) muss nicht von jemandem geäußert worden sein, der etwa gern ein Hemd kaufen würde, dessen Preis aber sein Budget übersteigt. Vielmehr kann die Äußerung ohne Weiteres von jemandem stammen, der den Preis des Hemdes unabhängig von der eigenen

Kaufkraft beurteilt, z.B. aufgrund der Beschaffenheit des Hemdes, die seinen hohen Preis nicht rechtfertigt.

6.3 Der freie Genitiv

Als **freier Genitiv** wird eine NP bezeichnet, die im Genitiv steht und in den meisten Fällen die syntaktische Funktion des Adverbials erfüllt. Daher wird der freie Genitiv gelegentlich auch adverbialer Genitiv genannt. Ähnlich dem adverbialen Akkusativ ist der freie Genitiv nicht regiert, sondern durch die meist adverbiale Funktion der betreffenden NP motiviert. Beim freien Genitiv handelt es sich zum größten Teil entweder um ein Temporal- (37-39) oder Modaladverbial (40-43).

(37) *Eines Tages* wirst auch du es verstehen.
(38) Sie schlich sich *eines Nachts* heimlich davon.
(39) Wir haben *dieser Tage* Änderungen auf unserer Homepage durchgeführt.

In (37-39) liegt jeweils eine NP im Genitiv mit einer temporalen Semantik vor. Die NPs *eines Tages*, *eines Nachts* und *dieser Tage* stehen im Genitiv aufgrund ihrer Bedeutung, einen Zeitpunkt auszudrücken. Alle drei freien Genitive in (37-39) beantworten die Frage *wann?* und bestehen aus einem Artikelwort und einem Substantiv, was charakteristisch für freie Genitive mit temporaler Semantik ist.

Noch umfangreicher ist die Gruppe der freien Genitive, die einen Satz als Modaladverbial modifizieren. Sie treten typischerweise als Kombination aus einem Adjektiv und einem Substantiv auf.

(40) *Sehenden Auges* hat er Datenschutzverstöße in Kauf genommen.
(41) So gelangte Weimars Prominenz *trockenen Fußes* ins Theater.
(42) Sie verabschiedeten sich *erhobenen Hauptes* aus dem Turnier.
(43) Fühlen wir uns gut, schreiten wir *leichten Schrittes* durch die Welt.

Alle vier freien Genitive in (40-43), *sehenden Auges*, *trockenen Fußes*, *erhobenen Hauptes* und *leichten Schrittes*, drücken eine Modalität aus. Sie geben an, wie der Sachverhalt, der im Satz thematisiert ist, erfolgt ist. Dabei bezieht sich die Art und Weise entweder auf den Vorgang selbst, der durch das Verb ausgedrückt ist, wie in (43). In diesem Satz stehen das Substantiv *Schrittes* und das Verb *schreiten* in einem engen semantischen Zusammenhang. Oder der freie Genitiv weist wie in (40-42) keinen engen Bezug zum Verb auf, sondern beschreibt einen temporären Zustand eines Beteiligten, wie z.B. den der Subjekte: *er* in (40), *Weimars Prominenz* in (41) und *sie* in (42).

Andere freie Genitive, wie beispielsweise *meines Erachtens* und *meines Wissens*, drücken eine persönliche Einschätzung zu einem bestimmten Sachverhalt aus und werden zu den sogenannten Kommentaradverbialien gezählt.

(44) Sie haben *unseres Erachtens* vorzügliche Arbeit geleistet.
(45) Pandas stehen *meines Wissens* unter Artenschutz.

Unabhängig von ihrer semantischen Klasse stellen freie Genitive feste Wortverbindungen dar, die einem etwas älteren Sprachstand entsprechen und daher als zum Teil stilistisch gehoben bzw. markiert wahrgenommen werden. Allgemein gilt der freie Genitiv als nicht produktiv, d.h. es entstehen nach diesem Muster keine neuen Ausdrücke.

Gebräuchlicher sind Genitivphrasen, die einen mentalen Zustand (z.B. *der Meinung (sein), der Überzeugung (sein),* oder eine Qualität (z.B. *allgemeiner Natur (sein), deutscher Herkunft (sein), älteren Datums (sein)*) ausdrücken. Diese semantische Klasse von Genitivphrasen teilt zwar mit freien Genitiven die Eigenschaft, dass ihr Kasus nicht regiert ist, sondern semantisch begründet ist. Auf der anderen Seite unterscheidet sie sich von diesen dadurch, dass sie ausschließlich in Verbindung mit Kopulaverben, hauptsächlich mit *sein*, vorkommen.

Aufgabe 1: Überprüfen Sie anhand einschlägiger Proben, bei welchen Akkusativ-NPs es sich um ein Akkusativobjekt und bei welchen um einen freien (= adverbialen) Akkusativ handelt. Die Akkusativ-NPs sind fett gesetzt.

(1) Zwei Elektriker arbeiteten **einen ganzen Monat** an der Installation.
(2) Anschließend maß sie **den Winkel des Sonnenstandes**.
(3) Er besuchte **seine Oma** in Berlin **jeden Monat**.
(4) Zuletzt wog er **120 Kg**.

Aufgabe 2: Die folgenden Sätze enthalten je eine Dativ-NP. Finden Sie heraus, welche Dativ-NPs den Status eines Objekts und welche den eines freien Dativs haben? Wenden Sie dabei die implikative Weglassprobe an.

(1) Sie schenkte **ihnen** ein großes Plüschtier.
(2) Sie bügelte **ihrem Vater** drei Hemden.
(3) Er arbeitet **ihr** zu viel.
(4) Viele Leser schickten **der Redaktion** ihre Fragen.

6.4 Zusammenfassung

Bei den freien Kasus handelt es sich um NPs, die ihren Kasus weder durch Rektion noch mittels Kongruenz erhalten. Vielmehr ist der Kasus semantisch, d.h. durch die Bedeutung der betreffenden

NP, motiviert. Alle drei Kasus obliqui treten als freie Kasus auf, wobei freie Akkusative und freie Dative deutlich gebräuchlicher sind als freie Genitive. Der freie Akkusativ, besser bekannt als adverbialer Akkusativ, drückt typischerweise ein Maß aus. Das kann eine Zeiterstreckung, eine Strecke oder ein Gewicht sein. Zur wichtigen Abgrenzung von adverbialen Akkusativen und Akkusativobjekten gelten die Pronominalisierungs- und die Erfragbarkeitsprobe als zuverlässig. Die freien Dative lassen sich nach ihrer Bedeutung traditionell in fünf Untertypen unterteilen. Im Unterschied zum Dativobjekt gehört der freie Dativ nicht zur Komplementstruktur des Verbs. Durch die Anwendung der implikativen Weglassprobe, bei der das Dativobjekt bzw. der freie Dativ ausgelassen wird, zeigt sich, dass der freie Dativ anders als das Dativobjekt nicht in der Semantik des jeweiligen Verbs verankert ist. Bei den freien Genitiven handelt es sich zum größten Teil um feste Wendungen, die einem älteren Sprachstand entsprechen und allgemein als stilistisch markiert gelten; sie sind in der Alltagssprache kaum gebräuchlich (*meines Erachtens, frohen Mutes...*).

Grundbegriffe: freie Kasus, freier Akkusativ, adverbialer Akkusativ, freier Genitiv, freier Dativ, dativus commodi, dativus incommodi, dativus possessivus, dativus iudicantis, dativus ethicus.

Weiterführende Literatur: Hentschel/Weydt (2013: 158-175), Bausewein (1990), Wegener (1985), Ogawa (2003), Gutzmann (2007), Hole (2014).

7   Kasus und semantische Rollen

Während ein Verb eine von ihm regierte NP auf der syntaktischen Ebene einen Kasus zuweist, vergibt es an dieselbe NP auf der semantischen Ebene eine **semantische Rolle**. Gemeinsam ergeben die syntaktischen und semantischen Forderungen die **Argumentstruktur** von Verben. Dabei lässt sich ein systematischer Zusammenhang zwischen Kasus und semantischen Rollen beobachten und zwar dahingehend, dass sich die Kasuswahl für eine NP an der semantischen Rolle derselben orientiert. Im Folgenden wird dieser systematische Zusammenhang erläutert.

7.1 Kasusselektion und semantische Rollen

Eine semantische Rolle beschreibt die Art der Beteiligung eines **Partizipanten** an einer Handlung, einem Vorgang oder einem Zustand. Man spricht in diesem Zusammenhang auch von „Mitspielern" oder „Rollenträgern". Wie viele und welche semantischen Rollen ein Verb vergibt, hängt von dessen Bedeutung ab. Betrachten wir als Beispiel die Handlung ‚des Schenkens'. Bereits in unserer Vorstellung bringen wir diese Handlung aufgrund unseres Weltwissens mit drei Partizipanten in Verbindung, wobei diese drei Partizipanten unterschiedliche Rollen übernehmen. Zur Realisierung dieser Tätigkeit werden benötigt: jemand, der schenkt, ein Gegenstand, der als Geschenk überreicht wird und jemand, der das Geschenk entgegennimmt. In einem Satz wie dem folgenden

(1) *Der Patenonkel* schenkt *den Kindern einen Nussknacker.*

sind die Forderungen des Verbs *schenken* durch die drei NPs *der Patenonkel*, *den Kindern* und *einen Nussknacker* erfüllt. Diese Forderungen sind zum einen syntaktischer, zum anderen semantischer Natur. Auf der syntaktischen Ebene tragen diese NPs die drei vom Verb *schenken* zu vergebenden Kasus Nominativ, Akkusativ und Dativ und erfüllen die damit zusammenhängenden syntaktischen Funktionen Subjekt, direktes Objekt und indirektes Objekt. Diese syntaktischen Forderungen bezeichnen wir mit Eisenberg (2004: 75) als **Komplementstruktur** des Verbs. Den Komplementpositionen Subjekt, direktem Objekt und indirektem Objekt weist das Verb semantische Rollen zu. In Satz (1) sind es die semantischen Rollen **Agens**, **Patiens** und **Rezipient**. Mit Agens wird der Handlungsträger bezeichnet. Das Patiens ist der Partizipant, der von der Handlung betroffen ist. Der Rezipient bezeichnet den Partizipanten, der bei der Handlung oder beim Vorgang als Empfänger fungiert. Wie bereits oben erwähnt, ergeben die syntaktischen und semantischen Forderungen die Argumentstruktur von Verben. Eine Argumentposition ist eine Position im Satz, der sowohl ein Kasus als auch eine semantische Rolle zugewiesen wird.

Die systematische Beziehung zwischen Kasus und semantischen Rollen in der Argumentstruktur von Verben lässt sich wie folgt beschreiben. Im prototypischen Fall ist der Nominativ der Kasus des Agens, der Akkusativ der Kasus des Patiens und der Dativ der Kasus des Rezipienten. Dieses systematische Verhältnis lässt sich am besten am Beispiel von ditransitiven Handlungsverben wie *schen-*

ken oder *geben* veranschaulichen. Das Verb *schenken* weist die folgende Argumentstruktur auf.

	Subjekt	direktes Objekt	indirektes Objekt
schenken	Nominativ	Akkusativ	Dativ
	Agens	Patiens	Rezipient

Die Verteilung der drei Kasus Nominativ, Akkusativ und Dativ auf die drei semantischen Rollen Agens, Patiens und Rezipient stellt laut Eisenberg (2004: 80) eine „Grundregel der Kasusselektion" dar, die er wie folgt formuliert:

> „Das prototypische Agens wählt den Nom (Subjekt), das prototypische Patiens den Akk (direktes Objekt) […]. Ist ein weiteres semantisches Argument vorhanden, so wählt es den Dat (indirektes Objekt) [...]." (Eisenberg 2004:80)

In der Regel ist das im Zitat erwähnte „weitere semantische Argument" ein Rezipient. Diesem Zitat zufolge orientiert sich die Kasuswahl an der semantischen Rolle des betreffenden **Arguments**.

Trotz der hohen Systematik besteht jedoch nicht immer und nicht in beide Richtungen eine Eins-zu-Eins-Entsprechung zwischen Kasus und semantischer Rolle. Vielmehr liegt eine Reihe von Konstellationen vor, in denen die Kasus-semantische-Rollen-Zuordnung von der prototypischen Verteilung abweicht. Dabei verhalten sich die drei Kasus diesbezüglich unterschiedlich. Während sich der Akkusativ und der Dativ als semantisch weitgehend homogen zeigen, indem sie vorwiegend als Kasus des Patiens bzw. des Rezipienten fungieren, ist der Nominativ viel heterogener. Er wird nicht nur vom Agens, sondern auch oft vom Rezipienten und Patiens gewählt.

7.2 Nominativ und Agens

Der Nominativ ist im unmarkierten Fall der Kasus des Agens. Der Terminus ‚Agens' geht auf das lateinische Wort *agens* ‚handelnd' zurück. Mit Agens als semantischer Rolle wird im Allgemeinen derjenige Partizipant bezeichnet, der als Urheber bzw. Verursacher einer Handlung fungiert. Man spricht auch vom ‚Handlungsträger'. Bei Handlungsverben im Aktiv übernimmt die Nominativ-NP, d.h. das Subjekt, die semantische Rolle Agens.

(2) *Der Gefoulte* selbst führt den Freistoß aus.

Das Subjekt *der Gefoulte* ist in (2) das Agens: Es führt die Handlung aus, die das Verb *ausführen* bezeichnet. So wie das Verb *aus-*

führen an die NP *der Gefoulte* auf der syntaktischen Ebene den Nominativ vergibt, weist es auf der semantischen Ebene derselben NP die semantische Rolle Agens zu. Nach der folgenden Definition der Duden-Grammatik (2016)

> „Das prototypische Agens ist eine bewusste, intentional handelnde Person, die das Geschehen in Gang setzt und dessen Verlauf kontrolliert." (Duden Grammatik 2016: 398)

ist *der Gefoulte* ein prototypisches Agens; es handelt sich hierbei um ein menschliches Wesen, das intentional handelt und den Verlauf der Handlung kontrolliert. Es gibt eine Reihe von Verben, die zwar der Nominativ-NP, d.h. dem Subjekt, die Agensrolle zuweisen, das Agens weist aber in diesen Fällen weniger prototypische Merkmale auf als das Agens in (2).

(3)   *Die herumfliegenden Scherben* verletzten die Bewohnerin.

In (3) haben wir mit der Nominativ-NP *die herumfliegenden Scherben* ein Agens vorliegen, das vom Verb *verletzen* vergeben wird. Auf dieses Agens treffen jedoch nicht alle weiter oben in dem Zitat aus der Duden-Grammatik angeführten Eigenschaften eines prototypischen Agens zu. Im Unterschied zum Agens in (2) handelt das Agens in (3) weder intentional noch kontrolliert, da es sich hierbei um eine unbelebte Entität handelt. Mit dem prototypischen Agens in (2) teilt aber das Agens in (3) die Eigenschaft, einen Vorgang auszulösen. Bei *die herumfliegenden Scherben* handelt es sich um ein kotrollunfähiges, nicht intentional handelndes Agens; es ist ein Verursacher ohne Absicht und ohne Kontrolle über das Geschehen (Eisenberg 2004: 77; Duden 2016: 398).

Wie stark die Prototypizität eines Agens von der Verbbedeutung abhängt, zeigt das Verbpaar *ermorden* vs. *töten*. In beiden Fällen bekommt das Subjekt von Sätzen mit diesen zwei Verben die Agensrolle zugewiesen. Allerdings weist die Agensrolle von *töten* einen niedrigeren Grad an Agentivität auf als die von *ermorden*. Denn es ist in der Bedeutung des Verbs *töten* angelegt, dass das Agens, also die handelnde Person, nicht intentional agiert bzw. das Geschehen nicht kontrolliert. Das Agens von *töten* gilt hier lediglich als Verursacher, da der Vorgang nur unabsichtlich ausgelöst wurde. Demgegenüber vergibt das Verb *ermorden* an die Nominativ-NP eine Agensrolle mit einem höheren Grad an Agentivität. Denn wer jemanden ermordet, handelt intentional und hat somit die Kontrolle über das Geschehen (Eisenberg 2004: 77).

Anhand der Beispiele in (2-3) und der Gegenüberstellung der Agensrollen der Verben *töten* und *ermorden* hat sich gezeigt, dass

Agentivität graduell ist. Für die Ermittlung des Agentivitätsgrades werden sogenannte Basisrollen herangezogen. Basisrollen stehen für grundlegende semantische Relationen, die eine semantische Rolle charakterisieren. So lässt sich ein Proto-Agens durch eine Reihe von Basisrollen wiedergeben. Eine davon ist ‚Kontrolle' (x kontrolliert/x ist Kontrolleur) (Primus 1999:141). Den höchsten Grad an Agentivität weisen Argumente mit dieser Eigenschaft auf. Eine weitere Basisrolle ist ‚Verursacher' (x verursacht), die auch als starkes Agensmerkmal gilt. Demgegenüber gelten die Basisrollen ‚Wahrnehmender' (x nimmt wahr) und ‚Besitzer' (x verfügt über) eher als schwache Agensmerkmale.

Bei dem hier interessierenden systematischen Zusammenhang zwischen Nominativ und Agens spielt der Grad der Agentivität eine zentrale Rolle. Je höher der Agentivitätsgrad eines Arguments aufgrund der ihm zugewiesenen Basisrollen ist, desto wahrscheinlicher wird es als Nominativ-NP realisiert und fungiert als Subjekt des Satzes. Ein Agens mit hohem Agentivitätsgrad liegt bei Handlungsverben wie *geben, schmeißen, wischen* u.s.w. vor. In diesen Fällen ist die Kodierung des Agens als Nominativ-NP so gut wie sicher. Bei anderen Klassen von Verben, die aufgrund ihrer Bedeutung kein Agens im engen Sinn wählen, wie z.B. die Klasse der psychischen Verben wie *fühlen, behagen, schätzen* u.s.w. muss das Argument nicht als Nominativ-NP realisiert werden. So ist das Nominativargument *er* in

(4) *Er* fühlt sich nicht gut.

nur schwach agentivisch. Weder kontrolliert das Argument *er* die vom Verb *sich fühlen* bezeichnete Situation noch verursacht es etwas in derselben. Das Argument *er* in (4) ist lediglich Wahrnehmender, es weist einen bestimmten psychischen Zustand auf. Bei einem niedrigen Agentivitätsgrad ist die Wahl des Nominativs nicht zwingend. Dies zeigt der Umstand, dass dasselbe Argument in einem anderen Kasus realisiert wird, wenn bei gleichbleibender Grundbedeutung des Satzes ein anderes Verb gewählt wird.

(5) *Ihm* geht es nicht gut.

Anders als in (4) steht in (5) das erste Argument *ihm* nicht im Nominativ, sondern im Dativ. Diese Kasusvariation in Abhängigkeit von dem gewählten Verb ist typisch für Argumente mit niedrigem Agentivitätsgrad (Primus 2004).

Im Allgemeinen gilt der Nominativ als der bevorzugte Kasus des Agens: Liegt ein prototypisches Agens vor, wählt es in Aktiv-Sätzen immer den Nominativ. Das trifft auf intransitive (z.B.

schwimmen), transitive (z.B. *lesen*) wie ditransitive Verben (z.B. *geben*) zu. Dieses Agens-Nominativ-Verhältnis gilt jedoch nicht in die umgekehrte Richtung. Nicht jedes Argument, das im Nominativ erscheint und als Subjekt fungiert, ist auch ein Agens. Vielmehr wählen in Aktiv-Sätzen auch andere semantische Rollen als das Agens den Nominativ. Allerdings nur dann, wenn in der Argumentstruktur des jeweiligen Verbs keine Agens-Rolle vorgesehen ist, wie es bei einigen transitiven und ditransitiven Verben der Fall ist. So vergibt das transitive Verb *fehlen* in (6)

(6)   *Ihnen* fehlt *das nötige Kleingeld.*

an sein erstes Argument *Ihnen* die semantische Rolle Rezipient und an sein zweites Argument *das nötige Kleingeld* die semantische Rolle Patiens. Während der Rezipient in dem erwarteten Kasus, also dem Dativ, realisiert ist, wählt das Patiens den Nominativ. Dass der Nominativ, d.h. das Subjekt, in (6) eine nicht-agentivische Rolle kodiert, hängt insbesondere von einer strukturellen Gesetzmäßigkeit ab, der zufolge jeder Satz ein Subjekt haben muss. Stünde das Argument *das nötige Kleingeld* in dem für Patiens-Rollen vorgesehenen Akkusativ, hätte der Satz kein Subjekt und verstieße damit gegen diese Gesetzmäßigkeit.

Es ist auch dieselbe Gesetzmäßigkeit, die erzwingt, dass das einzige Argument intransitiver Verben auch bei nicht-agentivischer Rolle im Nominativ kodiert wird. In solchen Konstellationen wählen alle semantischen Rollen den Nominativ. Ein Bespiel hierfür ist das Verb *erloschen*,

(7)   *Das Widerrufsrecht* erlischt vor Ablauf der Widerrufsfrist.

dessen einziges Argument *das Widerrufsrecht* bei einer Patiens-Rolle im Nominativ steht. Auch ein Argument mit der semantischen Rolle ‚Rezipient‘, das im unmarkierten Fall den Dativ wählt, steht im Nominativ, wenn es das einzige Argument des betreffenden Verbs ist, wie dies bei *erschrecken* der Fall ist.

(8)   *Sie* erschrickt bei jedem Geräusch.

Die große Heterogenität des Subjekts bzw. des Nominativs hinsichtlich der an ihm realisierten semantischen Rollen lässt sich z.T. durch die oben genannte strukturelle Einschränkung erklären, dem zufolge jeder Satz ein Subjekt haben muss.

7.3 Akkusativ und Patiens

Wie oben bereits erwähnt, ist der Akkusativ der bevorzugte Kasus des Patiens. Der Terminus ‚Patiens' stammt vom Lateinischen *patiens* ‚leidend'. Die semantische Rolle ‚Patiens' bezeichnet im Allgemeinen denjenigen Partizipanten, der von der Handlung betroffen ist. Ein protoypisches Patiens erscheint im Satz als Akkusativ-NP bzw. als direktes Objekt. Die Bezeichnung ‚direktes Objekt' ist wie wir bereits in Kap. 2.2 gesehen haben, semantisch motiviert. Das Akkusativobjekt wird direktes Objekt genannt, da es sich hierbei um den Partizipanten handelt, der direkt von der vom Verb bezeichneten Handlung betroffen ist. Primus (2012) definiert Patiens wie folgt:

> „Als Patiens wird die semantische Rolle eines Partizipanten bezeichnet, der in dem vom Prädikat bezeichneten Geschehen physisch manifest betroffen ist und dessen Zustand sich physisch verändert." (Primus 2012: 31f.)

Dieser Definition zufolge stellt die Akkusativ-NP *den Spiegel* in (9) ein prototypisches Patiens dar, da dieses Argument unmittelbar von der Handlung, die durch das Verb *zertrümmern* bezeichnet wird, betroffen ist.

(9)   Der Heimbewohner zertrümmert *den Spiegel* immer wieder.

Damit stellt ein prototypisches Patiens wie *den Spiegel* in (9) das Gegenstück zu einem prototypischen Agens wie *der Heimbewohner* in demselben Satz dar. Das Agens ist dasjenige Argument, das die Handlung ausführt, während das Patiens die Handlung erleidet. Das prototypische Agens und das prototypische Patiens bilden demnach zwei Endpunkte einer Agentivitäts-Skala.

Dabei besteht ein enger Zusammenhang zwischen der Prototypizität des Patiens und der von Agens. Je prototypischer ein Agens ist, desto prototypischer ist das Patiens und vice versa. So handelt es sich beim Argument *den Spiegel* in (9) um einen Partizipanten, der von einem anderen Partizipanten, dem Argument *der Heimbewohner*, kontrolliert wird. In diesem Fall steht dem prototypischen Agens *der Heimbewohner* ein prototypisches Patiens *den Spiegel* gegenüber. Hier weist der Partizipant *den Spiegel* ein sehr hohes Maß an Betroffenheit auf, da er eine Handlung erleidet, die von einem anderen Partizipanten, dem Agens *der Heimbewohner*, absichtlich ausgeführt und bewusst kontrolliert wird.

In (10) liegt mit *die Bewohnerin* ein etwas schwächeres Patiens vor.

(10) Die herumfliegenden Scherben verletzten *die Bewohnerin*.

Zwar erleidet der Partizipant *die Bewohnerin* ähnlich wie *den Spiegel* in (9) die durch das Verb *verletzen* bezeichnete Handlung, allerdings erfolgt dies nicht absichtlich bzw. kontrolliert. Vielmehr gilt der andere Partizipant *die herumfliegenden Scherben* lediglich als Verursacher ohne Absicht und ohne Kontrolle über das Geschehen. Demnach ist das Ausmaß der Betroffenheit bei *die Bewohnerin* niedriger einzuschätzen als bei *den Spiegel* in (9). Trotz dieses Unterschiedes ist den zwei Partizitipanten *den Spiegel* in (9) und *die Bewohnerin* in (10) gemeinsam, dass sie von der im jeweiligen Verb *zertrümmern* bzw. *verletzen* bezeichnete Handlung betroffen sind. Diese Betroffenheit führt dazu, dass sich der physische Zustand des als Patiens fungierenden Partizipanten verändert: von einem intakten zu einem zertrümmerten Spiegel bzw. von einer unversehrten zur einer verletzten Bewohnerin.

Liegt bei transitiven Verben wie in (9-10) oder bei ditransitiven Verben wie *schenken* ein Patiens mit den oben genannten Merkmalen und dazu ein Partizipant mit starken Agensmerkmalen (eine handelnde Person oder. ein Verursacher) vor, steht die betreffende NP so gut wie sicher im Akkusativ und fungiert als direktes Objekt. Andernfalls kann es zur Abweichung von dieser prototypischen Kasusverteilung kommen, wie die Kasusrealisierung im folgenden Satzpaar zeigt.

(11) Sie besitzen die meisten Aktien.
(12) Ihnen gehören die meisten Aktien.

Die Sätze in (11-12) sind weitgehend synonym, enthalten aber Verben mit unterschiedlicher Kasusrektion. Während beim Verb *besitzen* das schwache Agens *sie* den Nominativ und das schwache Patiens *die meisten Aktien* den Akkusativ wählt, liegt beim Verb *gehören* eine völlige andere Kasusverteilung vor. Das wenig prototypische Agens *ihnen* wird im Dativ, das Argument mit den nur schwachen Patiensmerkmalen *die meisten Aktien* im Nominativ realisiert. Diese Beispiele zeigen, dass je weniger prototypisch ein Patiens ist, desto anfälliger ist es dafür, einen anderen Kasus als den Akkusativ zu wählen. Betrachtet man das Verhältnis von Patiens und Akkusativ in die andere Richtung, d.h. vom Kasus zu semantischer Rolle, erscheint der Akkusativ im Vergleich zum Nominativ als semantisch relativ homogen. Wird eine NP im Akkusativ realisiert, handelt es sich hierbei mit hoher Wahrscheinlichkeit um ein Argument mit Patiensmerkmalen.

7.4 Dativ und Rezipient

Der Dativ ist im normalen Fall der Kasus des Rezipienten. Mit ‚Rezipient' wird die semantische Rolle desjenigen Partizipanten bezeichnet, der bei einer Handlung oder einem Vorgang als Empfänger im weiteren Sinne fungiert (vgl. Primus 2012: 44f.). Primus (2012) führt dies wie folgt aus:

> „In den Standardfällen kann man den Rezipienten als Besitzer oder Experiencer charakterisieren, dessen Besitz- oder Sentience-Zustand sich im Zuge des Ereignisses verändert und von einem anderen Partizipanten verursacht wurde." (Primus 2012: 45)

Dies ist der Fall bei ditransitiven Verben, in deren Argumentstruktur der Rezipient neben dem Agens und dem Patiens die dritte semantische Rolle darstellt. Dazu gehören Verben des Besitzwechsels wie *geben* oder *schenken*.

(13) Der Patenonkel schenkt *den Kindern* einen Nussknacker.

Das Verb *schenken* vergibt in (13) die semantische Rolle ‚Rezipient' an die Dativ-NP *den Kindern*. Der Rezipient wird als Teil einer Besitzrelation charakterisiert, bei der ein Gegenstand den Besitzer wechselt und der Rezipient zum neuen Besitzer wird. In (13) wechselt aufgrund des Vorgangs des Schenkens der Partizipant *einen Nussknacker* den Inhaber und geht in den Besitz eines anderen Partizipanten *den Kindern* über. Das Argument, das zum neuen Besitzer wird, wird typischerweise im Dativ als indirektes Objekt realisiert.

Ähnlich verhält es sich bei den sogenannten Mitteilungsverben wie *sagen* und *erzählen*, deren drittes Argument als indirektes Objekt den Dativ zugewiesen bekommt und die semantische Rolle des Rezipienten kodiert. Auch hier handelt es sich um eine Art Besitzwechsel, bei dem aber keine physischen Gegenstände, sondern Informationen transferiert werden.

(14) Die Zeugen erzählten *den Rettungskräften* alle dieselbe Geschichte.

In (14) fungiert das Dativargument *den Rettungskräften* als Empfänger von Informationen und somit als Rezipient im weiteren Sinne. Charakteristisch für die Rezipientenrolle bei Mitteilungsverben ist, dass der Rezipient „im Zuge des betreffenden Ereignisses zum Experiencer, in den meisten Fällen zum Wahrnehmenden und Wissenden, wird." (Primus 2012: 45).

Häufig tritt der Dativ auch als Kasus des einzigen Objekts transitiver Verben wie *helfen* und *antworten* auf.

(15) Fünfzehn Mütter und Väter halfen *dem siebenköpfigen Team des Kindergartens.*

(16) Er antwortete *seinen Kritikern* mit dem Siegtreffer in der Nachspielzeit.

Der Dativ in (15-16) kodiert eine rezipientenähnliche Rolle. Die Dativargumente *dem siebenköpfigen Team des Kindergartens* in (15) und *seinen Kritikern* in (16) weisen insofern Eigenschaften des Rezipienten auf, als sich deren Zustand im Zuge des Ereignisses verändert, wobei diese Zustandsveränderung von einem weiteren Partizipanten verursacht wird (vgl. Primus 2012: 46). In (15-16) handelt es sich bei diesem Verursacher um ein Agens: *fünfzehn Mütter und Väter* in (15) bzw. *er* in (16). Das jeweilige Agens übt die Kontrolle über das Ereignis derart aus, dass das Dativargument *dem siebenköpfigen Team des Kindergartens* bzw. *seinen Kritikern* im Zuge des Ereignisses über etwas verfügt (vgl. Eisenberg 2004: 79f.).

Diese Art von Kontrolle über das Ereignis, die das Agens auf das zweite Argument von *helfen* bzw. *antworten* ausübt, erklärt warum dieses Argument im Dativ und nicht wie bei den meisten transitiven Verben im Akkusativ kodiert wird. Ihm fehlen nämlich zentrale Eigenschaften eines typischen Patiens, da es „keine physische Veränderung oder Affiziertheit erfährt" (Primus 2012: 45). Und es gilt Eisenberg (2004: 80) zufolge als eine Grundtendenz bei der Kasuswahl, dass „je weniger prototypisch ein Patiens ist, desto eher wählt es den Dativ".

Auch bei transitiven Verben wie *gehören* und *gefallen*, in deren Argumentstruktur im Unterschied zu *helfen* und *antworten* kein Agens vorgesehen ist, steht das einzige Objekt im Dativ.

(17) *Den Werkstattsystemen* gehört zweifellos die Zukunft.

(18) *Ihnen* gefällt der Name einfach nicht.

Der Dativ kodiert in (17-18) die rezipientenähnlichen Rollen *den Werkstattsystemen* bzw. *ihnen*. Das Dativargument in (17) ist als Besitzer, das in (18) als Experiencer, also Wahrnehmender, zu charakterisieren. Im Unterschied zu den ditransitiven Verben (13) und den transitiven Verben (15-16) werden diese Rollen nicht im Zuge des Ereignisses zum Besitzer bzw. zum Wahrnehmenden, da hier das Agens fehlt, das diese eine solche Zustandsveränderung hätte herbeiführen können. Anders als bei den Verben *helfen* und *antworten* in (15-16) wird in (17-18) nicht das zweite, sondern das erste Argument von *gehören* bzw. *gefallen* im Dativ kodiert.

Da in der Argumentstruktur von *gehören* und *gefallen* keine Agens-Rolle vorgesehen ist, muss das erste Argument nicht den Nominativ wählen. Stattdessen wird dieses im Dativ, dem prototypischen Kasus für die Rezipienten-Rolle realisiert: *den Werkstattsystemen* und *ihnen* in (17) bzw. (18) (vgl. Eisenberg 2004: 80ff., Primus 1999: 145). Dass das Dativobjekt das erste Argument von *gehören* bzw. *gefallen* darstellt, wird insbesondere an der Wortstellung deutlich. Im unmarkierten Fall besetzt das Dativobjekt wie in (17) und (18) die erste Position im Satz. Das zweite Argument *die Zukunft* bzw. *der Name* trägt zwar die semantische Rolle Patiens, wählt jedoch abweichend von der prototypischen Kasus-semantische-Rollen Zuordnung nicht den Akkusativ, sondern den Nominativ. Diese Abweichung ist auf die oben erwähnte Regularität zurückzuführen, dass jeder Satz ein Subjekt aufweisen muss.

Aufgabe 1: Womit hängt zusammen, dass die Subjekte der Sätze (1-3) nicht den gleichen Agentivitätsgrad aufweisen? Beziehen Sie sich bei Ihrer Antwort auf das Konzept der Basisrollen.

(1)   **Der Hagel** beschädigte zahlreiche Autos.
(2)   **Er** besitzt viele wertvolle Gemälde.
(3)   **David Breashears** bestieg den Mount Everest bereits fünf Mal.

Aufgabe 2: Die Sätze in (1-2) sind synonym. In den beiden Sätzen weisen die zwei Argumente von *haben* bzw. *fehlen* jeweils dieselbe semantische Rolle auf, aber nicht denselben Kasus.

(1)   **Sie** haben nicht **die finanziellen Ressourcen**, um Forschung und
      Entwicklung kontinuierlich voranzutreiben.
(2)   **Ihnen** fehlen **die finanziellen Ressourcen**, um Forschung und
      Entwicklung kontinuierlich voranzutreiben.

Wie lässt sich erklären, dass die zwei Argumente bei gleichbleibender semantischer Rolle unterschiedliche Kasus wählen?

7.5 Zusammenfassung

Zwischen Kasus und semantischen Rollen besteht eine systematische Beziehung und zwar dahingehend, als im prototypischen Fall das Agens den Nominativ, das Patiens den Akkusativ und der Rezipient den Dativ wählt. Eine solche Zuordnung von Kasus und semantischen Rollen finden wir bei den Handlungsverben, die eine Tätigkeit bezeichnen, die auf ein Objekt oder ein Ziel gerichtet ist. Handlungsverben wählen Argumente, die die zentralen Eigenschaften des Agens, des Patiens und des Rezipienten in hohem Grad erfüllen. Eine Abweichung von der prototypischen Zuordnung von Kasus und semantischen Rollen ist umso wahrscheinlicher, je weniger prototypische Eigenschaften der jeweiligen semantischen Rolle in einem Argument vorhanden sind.

Grundbegriffe: semantische Rolle, Argument, Argumentstruktur, Partizipant, Komplementstruktur, Agens, Patiens, Rezipient.

Weiterführende Literatur: Eisenberg (2004: 75-86), Dowty (1991), Primus (1999), Primus (2004), Primus (2012).

8 Kasusalternation

Man spricht von **Kasusalternation**, wenn ein Argument beim selben Verb und bei gleichbleibender semantischer Rolle in verschiedenen Kasus auftritt. Dabei behält der Satz seine Grundbedeutung. Die Kasusalternation steht im Zusammenhang mit den sogenannten Verbdiathesen, d.h. den grammatischen Zuständen des Verbs, wie Aktiv, Passiv, Medium und Ergativ (vgl. Wunderlich 1993, Dürscheid 1999). Ein Diathesenwechsel, etwa von Aktiv zu Passiv, führt dazu, dass sich die Zahl der im Satz realisierten Argumente sowie die Kasus-semantische-Rollen-Zuordnung in der betreffenden Konstruktion ändern. Diathesen ermöglichen, dass die verschiedenen Argumente des Verbs als Subjekt und somit als natürlicher Fokus der Aussage auftreten.

8.1 Aktiv vs. *werden*-Passiv

Aktiv und **Passiv** sind die beiden Genera verbi in der deutschen Verbflexion. Dabei kann das Aktiv als der ‚Normalfall' angesehen werden, da in diesem Genus verbi alle Argumente des Verbs realisiert werden. Im Passiv ist hingegen, wie wir weiter unten sehen werden, die Zahl der Argumentpositionen reduziert. Eine vollständige Abbildung der von einem Verb vergebenen semantischen Rollen in den syntaktischen Positionen im Satz finden wir also nur in den Aktivkonstruktionen. Betrachten wir hierfür einen Satz mit dem ditransitiven Verb *schenken*.

(1) Der Patenonkel$_{[NOM, AGENS]}$ schenkt den Kindern$_{[DAT, REZ]}$
      einen Nussknacker$_{[AKK, PAT]}$.

In Satz (1) erscheinen alle drei vom Verb geforderten Argumente: *der Patenonkel* als Agens, *einen Nussknacker* als Patiens und *den*

Kindern als Rezipient. Zudem entspricht die Zuordnung von Kasus und semantischer Rolle in (1) dem prototypischen Fall, indem die Nominativ-NP das Agens, die Akkusativ-NP das Patiens und die Dativ-NP den Rezipienten kodiert (vgl. Kap. 7).

Die Verhältnisse ändern sich, wenn der Aktiv-Satz in eine Passiv-Konstruktion umgewandelt wird.

(2)   Ein Nussknacker$_{[NOM, PAT]}$ wird den Kindern$_{[DAT, REZ]}$ geschenkt.

Durch die Passivierung des Verbs (*schenkt* → *wird geschenkt*) reduziert sich die Anzahl der realisierten Argumente: Anstatt drei Argumenten wie in (1) erscheinen in (2) nur zwei Argumente: *ein Nussknacker* als Patiens im Nominativ und *den Kindern* als Rezipient im Dativ. Das Agens *der Patenonkel* wird hingegen nicht realisiert. Auch der Akkusativ erscheint nicht mehr; man spricht in diesem Zusammenhang von **Agensunterdrückung** und **Akkusativabsorption**. Optional kann das Agens in einer Passiv-Konstruktion als *von*-Präpositionalphrase realisiert werden (*Ein Nussknacker wird den Kindern **vom Patenonkel** geschenkt*). Oft bleibt aber das Agens gänzlich unerwähnt, wenn es entweder unbekannt ist, für die jeweilige Situation irrelevant ist oder weil es nicht preisgegeben werden soll.

Der Wegfall des Agens und des Akkusativs im Passiv gegenüber der Basisdiathese Aktiv gelten als typisch für das ***werden*-Passiv** und führt zu einer anderen Verteilung der zwei restlichen semantischen Rollen auf die syntaktischen Positionen im Satz als in der entsprechenden Aktiv-Konstruktion. Das Patiens wird in (2) nicht mehr durch den Akkusativ, sondern durch die Nominativ-NP *ein Nussknacker* kodiert. Dadurch wird das Akkusativobjekt der Aktiv-Konstruktion zum Subjekt der Passiv-Konstruktion, behält aber seine ursprüngliche semantische Rolle *Patiens* bei.

Die Alternation von Nominativ und Akkusativ ist charakteristisch für das *werden*-Passiv und bewirkt auf der informationsstrukturellen, d.h. kommunikativen, Ebene eine Umkehrung der Perspektive. Indem das Patiens zum Subjekt des Satzes wird, rückt das Geschehen selbst, in unserem Fall ‚das Schenken', in den Vordergrund. Vom Aktiv zum *werden*-Passiv findet also ein Perspektivenwechsel statt: von einer Handlungs- zu einer Geschehensperspektive.

Im *werden*-Passiv bleibt die Kasusalternation auf den Akkusativ und den Nominativ beschränkt, eine Alternation von Dativ und Nominativ ist hingegen nicht möglich. Das Dativobjekt kann nicht zum Subjekt werden.

(3)   *Die Kinder$_{[NOM, REZ]}$ wird einen Nussknacker$_{[AKK, PAT]}$ geschenkt.

Vielmehr behält eine Dativ-NP in Konstruktionen mit dem *werden*-Passiv ihren Kasus bei.

(4)   Den Kindern $_{[DAT, REZ]}$ wird ein Nussknacker$_{[NOM, PAT]}$ geschenkt.

Das gilt auch für Konstruktionen, in denen das Dativobjekt das einzige Objekt im Satz ist.

(5)   Ihnen wird geholfen.

Beim *werden*-Passiv bleibt die Voranstellung des Dativobjekts im Satz das einzige Mittel, den Rezipienten in den Fokus der Aussage zu rücken.

Das *werden*-Passiv kann auch für Konstruktionen mit intransitiven Verben gebildet werden, also Verben, die kein Objekt fordern.

(6)   Es wird getanzt/gearbeitet/diskutiert.

Die Passiv-Konstruktionen in (6) lassen sich auf Aktiv-Sätze zurückführen, die das unpersönliche Pronomen *man* als Subjekt haben.

(7)   Man tanzt/arbeitet/diskutiert.

Anders als Konstruktionen mit transitiven Verben ist das Subjekt der Passiv-Konstruktionen in (6) nicht das Akkusativobjekt bzw. das Patiens des entsprechenden Aktiv-Satzes (vgl. Bsp. (2)), sondern ein Pronomen *es*. Dieses Pronomen ist semantisch leer, d.h. es hat keine semantische Rolle, da es weder auf eine Person noch auf eine Sache referiert. Es dient lediglich als Ersatz für den Nominativ und ist nur dann obligatorisch, wenn der entsprechende Aktivsatz wie in (7) einzig aus dem Subjektpronomen *man* und dem intransitiven Verb besteht. Enthält der Satz hingegen ein weiteres Satzglied, das die erste Position in der Passiv-Konstruktion besetzt,

(8)   Man diskutierte kontrovers über die Gesetzesänderung.
(9)   Über die Gesetzesänderung wurde kontrovers diskutiert.

entfällt das semantisch leere *es*.

8.2   Aktiv vs. *bekommen*-Passiv

Das, was das *werden*-Passiv bei Argumenten im Dativ nicht leisten kann, macht das **bekommen-Passiv**, auch *Dativ*-Passiv oder *Rezipienten*-Passiv genannt, möglich. Analog zum *werden*-Passiv wird das *bekommen*-Passiv durch ein Hilfsverb und das Partizip II des jeweiligen Vollverbs gebildet, wobei *bekommen* hier als Hilfsverb fungiert. Ähnlich dem *werden*-Passiv kommt es gegenüber der entsprechenden Aktiv-Konstruktion (vgl. Bsp. (1)) zu einer Reduktion der Anzahl der Argumente.

(10) Der Patenonkel[NOM, AGENS] schenkt den Kindern[DAT, REZ] einen Nussknacker[AKK, PAT].

(11) Die Kinder[NOM, REZ] bekommen einen Nussknacker[AKK, PAT] geschenkt.

Analog zum *werden*-Passiv werden nur der Rezipient und das Patiens realisiert, während das Agens nicht erscheint. Im Unterschied zum *werden*-Passiv wird jedoch nicht das Patiens, sondern der Rezipient in den Vordergrund gerückt. Das Patiens *einen Nussknacker* behält seinen Kasus, den Akkusativ, bei, während der Rezipient *die Kinder* seinen Kasus vom Dativ zum Nominativ wechselt und somit zum Subjekt der Passiv-Konstruktion wird. Beim *bekommen*-Passiv alterniert also der Dativ mit dem Nominativ. Durch diese Alternation erfolgt ein Perspektivenwechsel: von einer Handlungsperspektive zu einer Rezipientenperspektive.

Das *bekommen*-Passiv unterliegt stärkeren Einschränkungen als das *werden*-Passiv. Während beim *werden*-Passiv der Akkusativ immer mit dem Nominativ alternieren kann, indem das Akkusativobjekt der Aktiv-Konstruktion zum Subjekt der entsprechenden Passiv-Konstruktion wird, ist eine Alternation von Dativ und Nominativ beim *bekommen*-Passiv nicht immer möglich. So erlauben nur ditransitive Verben, die neben einem Dativ- auch ein Akkusativobjekt fordern, das *bekommen*-Passiv, wie z.B. *schenken* oder *zuschicken*.

(12) Man hat ihm ein Buch geschenkt/zugeschickt.
(13) Er hat ein Buch geschenkt/zugeschickt bekommen.

Mit anderen Worten: Damit ein im Dativ realisiertes Objekt in einer *bekommen*-Passiv-Konstruktion zum Subjekt wird, muss in der entsprechenden Aktiv-Konstruktion ein direktes Objekt enthalten sein. Ist hingegen aufgrund der Komplementstruktur neben dem Dativobjekt kein weiteres Objekt vorgesehen, gilt die Konstruktion als unüblich, wenn nicht ungrammatisch (vgl. (14)).

(14) ?Sie bekommt geholfen.

In den Fällen, in denen das Dativobjekt das einzige Objekt im Satz ist, ist nur das *werden*-Passiv möglich.

(15) Fünfzehn Mütter und Väter halfen *dem siebenköpfigen Team des Kindergartens*.
(16) Dem *siebenköpfigen Team des Kindergartens* wird geholfen.

In (16) wird das Agens *Fünfzehn Mütter und Väter* nicht mehr realisiert. Das Argument *dem siebenköpfigen Team des Kindergartens* wird zwar vorangestellt und steht somit in der kanonischen Position des Subjekts, es behält jedoch seinen Kasus bei und wechselt nicht in den Nominativ über.

Die Beschränkung des *bekommen*-Passivs auf Doppelobjektkonstruktionen scheint damit zusammenzuhängen, dass nur in diesen Fällen die Dativ-NP einen prototypischen Rezipienten kodiert. Denn die Semantik des hier als Hilfsverb fungierenden *bekommen* sieht für das Subjekt die semantische Rolle *Rezipient* vor. Steht die Dativ-NP hingegen als einziges Objekt wie in (9-10), liegt kein prototypischer Rezipient vor; eine Dativ-Nominativ-Alternation ist nicht möglich.

8.3 Ergativkonstruktionen

Einen weiteren Fall von Verbdiathese stellen die sogenannten **Ergativkonstruktionen** dar. Im Deutschen liegt eine Reihe von Verben vor, die transitiv wie intransitiv verwendet werden können. Das Besondere bei diesen Verben ist, dass im Hinblick auf die Verteilung der semantischen Rollen eine Parallelität zwischen dem Objekt des transitiven und dem Subjekt des intransitiven Verbs besteht. Das Objekt des transitiven und das Subjekt des intransitiven Verbs tragen dieselbe semantische Rolle.

(17) a. Das Kind$_{[\text{NOM, AGENS}]}$ zerbricht die Scheibe$_{[\text{AKK, PAT}]}$.
b. Die Scheibe$_{[\text{NOM, PAT}]}$ zerbricht.
(18) a. Er kocht$_{[\text{NOM, AGENS}]}$ gerade die beste Rindfleischsuppe$_{[\text{AKK, PAT}]}$.
b. Die beste Rindfleischsuppe$_{[\text{NOM, PAT}]}$ kocht gerade.
(19) a. Der Busfahrer$_{[\text{NOM, AGENS}]}$ schließt die Tür$_{[\text{AKK, PAT}]}$.
b. Die Tür$_{[\text{NOM, PAT}]}$ schließt selbsttätig.

Verben wie *zerbrechen, kochen* und *schließen* werden in ihrer intransitiven Verwendung (17b, 18b und 19b) **ergative Verben** genannt. Ähnlich wie beim Passiv erfolgt in Ergativkonstruktionen ein Kasuswechsel von Akkusativ zu Nominativ, der die Patiensrolle betrifft. Das Patiens (*die Scheibe, die Rindfleischsuppe, die Tür*), das in der Basiskonstruktion (17a, 18a bzw. 19a) im Akkusativ kodiert ist, wird in der jeweiligen Ergativkonstruktion zum Subjekt des Satzes und erscheint im Nominativ (17b, 18b und 19b). Im Unterschied zu Passivkonstruktionen, in denen das Verb ein anderes Genus verbi aufweist als in der entsprechenden Aktiv-Konstruktion, ändert das Verb in Ergativkonstruktionen gegenüber der Basiskonstruktion sein Genus verbi nicht; es steht weiterhin im Aktiv. Ein weiterer Unterschied zum Passiv ist der, dass in Ergativkonstruktionen die im Passiv optionale Realisierung des Agens als *von*-Präpositionalphrase nicht möglich ist (*die Scheibe wird **vom Kind** zerbrochen* vs. **die Scheibe zerbricht **vom Kind***).

8.4 Mittelkonstruktionen

Als **Mittelkonstruktionen**, auch Medialkonstruktionen oder Medium genannt, wird ein bestimmter Typ von Reflexivsätzen bezeichnet, die sich im Hinblick auf die Akkusativ-Nominativ-Alternation ähnlich verhalten wie Passiv- und Ergativkonstruktionen.

(20) a. Claudia liest das Buch.
       b. Das Buch liest sich gut.

Konstruktionen wie in (20b) werden deshalb Mittelkonstruktionen genannt, weil sie in ihren syntaktisch-semantischen Eigenschaften zwischen dem Aktiv und dem Passiv stehen. Zum einen verhalten sie sich wie Aktivsätze insofern, als das Verb im Aktiv steht. Zum anderen zeigen sie im Vergleich zu Basiskonstruktionen ähnlich wie Passivsätze eine Akkusativ-Nominativ-Alternation, bei der das Patiens durch die Nominativ-NP kodiert wird.

Mittelkonstruktionen wie in (20b) enthalten immer das Reflexivpronomen *sich*, das zum Verb hinzutritt und dazu führt, dass das im Akkusativ kodierte Patiens der Basiskonstruktion in (20a) *das Buch* im Nominativ erscheint und zum Subjekt des Satzes wird. Wie auch in Passiv- und Ergativkonstruktionen ändert das Patiens gegenüber der Basiskonstruktion seinen Kasus, während das Agens getilgt wird. Mittelkonstruktionen weisen mehr Parallelen zu Ergativkonstruktionen auf als zu Passiv-Konstruktionen. Einerseits ändert das Verb sein Genus verbi nicht und bleibt wie in der Basiskonstruktion im Aktiv. Andererseits lässt sich die getilgte Agens-NP nicht durch eine *von*-Präpositionalphrase ersetzen.

Mittelkonstruktionen lassen sich, ähnlich wie bei Passivkonstruktionen (*es wird getanzt*), auch zu intransitven Basisverben wie *leben* bilden.

(21) a. Man lebt hier am besten.
       b. Hier lebt es sich am besten.

Anders als Mittelkonstruktionen mit transitiven Basisverben (20) besetzt nicht das Patiens, sondern das semantisch leere Pronomen *es* die Subjektposition; d.h. das Subjektpronomen *es* bleibt ohne semantische Rolle. Den Mittelkonstruktionen in (20b) und (21b) ist jedoch gemeinsam, dass die für das Deutsche charakteristische A-gens-Nominativ-Verbindung aufgelöst wird. In (20b) wird das Patiens im Nominativ kodiert, in (21b) wird der Nominativ am semantisch leeren Pronomen *es* realisiert. In beiden Fällen wird die semantische Rolle Agens getilgt.

Mittelkonstruktionen sind gegenüber anderen Reflexivkonstruktionen abzugrenzen, die sich bezüglich der Nominativ-Akkusativ-Alternation ähnlich verhalten (vgl. Steinbach 2002: 230ff.; Enzinger 2010: 173ff.). So sind sie vor allem von Reflexivkonstruktionen mit unkausativen Verben wie *schließen* zu unterscheiden.

(22) a. Sven schließt die Tür.
     b. Die Tür schließt sich.

Unkausative Verben sind intransitive Verben mit Reflexivpronomen (22b), die eine transitive Variante ohne Reflexivpronomen haben (22a). In ihrer reflexiven Variante gelten sie als ‚unechte‘ Reflexivverben und werden von inhärent-reflexiven Verben wie *sich schämen* unterschieden.

Mittelkonstruktionen wie in (20b und 21b) unterscheiden sich von Reflexivkonstruktionen mit unkausativen Verben wie in (22) zum einen dadurch, dass sie obligatorisch eine adverbiale Modifikation enthalten, ohne die die Konstruktionen ungrammatisch wären.

(23) *Das Buch liest sich.
(24) *Hier lebt es sich.

Oft handelt es sich beim Adverbial um ein Modaladverb (*gut*, *leicht…*). Zum anderen beziehen sich Mittelkonstruktionen im Unterschied zu Reflexivkonstruktionen mit unkausativen Verben nicht auf eine einzelne Situation bzw. ein einzelnes Ereignis. Sie haben vielmehr eine generische Lesart. So wird in (20b) dem Buch in *das Buch liest sich gut* die allgemeine Eigenschaft zugeschrieben, dass es sich gut lesen lässt. Demgegenüber beziehen sich Konstruktionen mit unkausativen Verben immer auf einzelne Situationen. So referiert die Konstruktion in (22b) auf ein einzelnes Ereignis des „Türschließens". Eine generische Lesart im Sinne einer allgemeinen Eigenschaft des Gegenstandes *Tür* liegt in (22b) nicht vor.

Aufgabe 1: Beschreiben Sie anhand der Beispiele (1-2) die Veränderungen, die in der Argumentstruktur eintreten, wenn ein Satz in das Passiv umformuliert wird.

(1)   Die Auftraggeber haben die Fristen verlängert.

(2)   Die Fristen sind verlängert worden.

Aufgabe 2: Im *bekommen*-Passiv alterniert der Dativ mit dem Nominativ. Allerdings kann nicht jedes Dativobjekt zum Subjekt werden, wie die folgenden Bespiele zeigen.

(1)   a. Die Versicherungsgesellschaft schickt ihnen eine Bestätigung zu.

      b. Sie bekommen eine Bestätigung zugeschickt.

(2)   a. Das Rote Kreuz dankt den Blutspendern.

      b. Den Blutspendern wird gedankt / *Die Blutspender bekommen gedankt.

Wie lässt sich erklären, dass das *bekommen*-Passiv in (1) möglich ist, in (2) jedoch nicht?

Aufgabe 3: Welche Gemeinsamkeiten und Unterschiede weist die Kasusalternation im *werden*-Passiv, *bekommen*-Passiv, Medium und Ergativ auf?

8.5 Zusammenfassung

Kasusalternationen sind durch Diathesenwechsel bedingt. Im Vergleich zur jeweiligen Basisdiathese kommt es im Passiv, in Mittel- und in Ergativkonstruktionen zu einer Reduktion der Zahl der realisierten Argumente und zu einer abweichenden Kasusverteilung auf die verbliebenen Argumente. Gemeinsam ist diesen drei Diathesen, dass sie das Verhältnis zwischen Agens und Nominativ in der Subjektposition dahingehend verändern, dass der Nominativ im Vergleich zur Basiskonstruktion nicht das Agens kodiert. Die Funktion dieser Diathesen und die damit einhergehende Kasusalternation liegen hauptsächlich darin, ein bestimmtes Ereignis auf grammatisch unterschiedliche Weise zum Ausdruck zu bringen. So können die am Geschehen Beteiligten, auch das Patiens und der Rezipient, in die Subjektposition und somit in den Fokus der Äußerung rücken.

Grundbegriffe: Kasusalternation, Verbdiathese, Aktiv, Passiv, Agensunterdrückung, *werden*-Passiv, *bekommen*-Passiv, Ergativkonstruktion, ergative Verben, Mittelkonstruktion.

Weiterführende Literatur: Kaufmann (2004), Wunderlich (1993), Dürscheid (1999), Steinbach (2002), Enzinger (2010).

9 Zum Sonderstatus des Genitivs

Der Genitiv nimmt eine Sonderstellung im deutschen Kasussystem ein. Daher wird ihm ein eigenes Kapitel gewidmet. Die Sonderstellung des Genitivs liegt darin begründet, dass er zum einen strukturell stärkeren Einschränkungen unterliegt als die anderen Kasus. Zum anderen ist seine Verwendung schon seit Längerem rückläufig, und er zeigt sich besonders anfällig dafür, durch andere Konstruktionen ersetzt zu werden. Der Genitiv kann zu Recht als „Randfall des Systems" (Eichinger 2013: 123) bezeichnet werden. Er hat sich größtenteils aus der gesprochenen Sprache in die Schriftsprache zurückgezogen und gilt allgemein als Merkmal einer höheren Stilebene.

9.1 Das marginale Genitivobjekt

Besonders randständig ist der Genitiv als Objektkasus. Zum einen existieren im Gegenwartsdeutschen, wie bereits in Kapitel 4.1 erwähnt, nur noch etwa 50 genitivregierende Verben (Lenz 1997: 48f., Eisenberg 2004: 300), wobei nur ein Teil davon gebräuchlich ist. Zum anderen handelt es sich auch bei den gebräuchlicheren genitivregierenden Verben größtenteils entweder um Verben des gehobenen Stils (z.B. *bedürfen*, *sich rühmen*) oder um Verben des strafrechtlichen Status (z.B. *bezichtigen*, *überführen*), also Verben einer Fachsprache. In der Alltagsprache kommen genitivregierende Verben hingegen kaum vor. Verben wie *bedürfen* oder *entbehren* werden durch Verben mit einem anderen Objekttyp ersetzt. Für *bedürfen* werden die akkusativregierenden Verben *brauchen* oder *benötigen*, für *entbehren* das Verb *verzichten*, das ein Präpositionalobjekt regiert, verwendet. Diese quantitative wie qualitative Einschränkung des adverbalen, d.h. von Verben regierten, Genitivs ist das Ergebnis einer Jahrhundertlangen Entwicklung, die bereits in mittelhochdeutscher Zeit angesetzt hat (Fleischer/Schallert 2011: 89) und in deren Verlauf das Genitivobjekt zugunsten anderer Objektkonstruktionen kontinuierlich abgebaut wurde.

Anders als bei Präpositionen spielt der Dativ bei der Verdrängung des Genitivs aus dem adverbalen Bereich kaum eine Rolle. Das Genitivobjekt wird überwiegend entweder durch das Akkusativobjekt wie z.B. bei *vergessen* oder durch das Präpositionalobjekt wie z.B. bei *sich erinnern* ersetzt (Anttila 1983). Beide Verben regierten ursprünglich den Genitiv.

Eine Gesamterklärung für den Rückzug des Genitivs im adverbalen Bereich kann nicht geliefert werden. Allerdings liegen Ansätze vor, die Teilerklärungen bieten. Eine davon setzt bei den Verben an, die zu althochdeutscher und mittelhochdeutscher Zeit sowohl den Genitiv als auch den Akkusativ regiert haben. Dabei ging Die **Genitiv-Akkusativ-Alternation** mit einem Bedeutungsunterschied einher. Das Objekt wurde im Genitiv realisiert, wenn die Verhandlung dieses nur teilweise erfasste. So wurde bei Verben wie *essen* oder *trinken* der Genitiv gewählt, wenn z.B. ein Teil des Brotes oder des Wassers gegessen bzw. getrunken wurde. Es handelte sich dabei um das sogenannte **partitive Genitivobjekt** (Nishiwaki 2010: 17ff.). Bezog sich hingegen die Verbhandlung auf die Gesamtmenge des Objekts, stand dieses im Akkusativ. Als die Opposition Teilmenge vs. Gesamtmenge und somit das Konzept der Partitivität spätestens in frühneuhochdeutscher Zeit im Sprachsystem keine Rolle mehr spielte, verlor der Genitiv seine Funktion, partitive Verhältnisse auszudrücken. Als Konsequenz aus diesem Funktionsverlust wurde die Alternation von Genitiv und Akkusativ zugunsten der alleinigen Akkusativrektion abgebaut. Allgemein scheint der Genitiv seine Funktion als Kasus der „**Partitivität**" eingebüßt zu haben. Wie wir in Kapitel 7.3 noch sehen werden, ist dieser Funktionsverlust auch im adnominalen Bereich zu beobachten.

Ein anderer Erklärungsansatz bringt den Schwund des adverbalen Genitivs mit dem Verlust der grammatischen Kategorie **Aspekt** in Zusammenhang. Durch die Kategorie Aspekt wird angezeigt, ob eine Handlung abgeschlossen oder nicht abgeschlossen ist. Noch im Althochdeutschen war Aspekt eine zentrale grammatische Kategorie (Fleischer/Schallert 2011: 93). Zu althochdeutscher Zeit wurde bei Verben mit Akkusativ-Genitiv-Alternation das Objekt im Akkusativ realisiert, wenn die Handlung abgeschlossen war. War die durch das Verb ausgedrückte Handlung nicht abgeschlossen, wurde der Genitiv gewählt (Donhauser 1998). Mit dem Verlust der Aspektkategorie in mittelhochdeutscher Zeit spielte die Unterscheidung abgeschlossen vs. nicht abgeschlossen keine Rolle mehr im Sprachsystem. Die Akkusativ-Genitiv-Alternation verlor dann ihre Funktion und wurde zuungunsten des Genitivs abgebaut.

9.2 Sonderregeln für den Genitiv

Wie bereits zu Beginn dieses Kapitels erwähnt unterliegt die Realisierung des Genitivs stärkeren Einschränkungen als die anderen Kasus. Eine Einschränkung bezieht sich auf die Morphologie der Genitiv-NP. Damit eine Genitiv-NP realisiert werden kann, muss sie ein Element enthalten, an dem die Kasusmarkierung erkennbar ist (Eichinger 2013: 127). Bei dieser sogenannten „**Sichtbarkeitsregel**" (Duden 2016: 977f.) handelt es sich um eine Bedingung, der zufolge in der NP ein Wort mit einer *s*- oder *r*-Flexionsendung enthalten sein muss. Darüber hinaus muss die betreffende NP neben dem Substantiv ein flektiertes Wort enthalten: ein Artikelwort und/oder ein Adjektiv. Nur wenn die beiden Bedingungen erfüllt sind, kann die NP im Genitiv stehen, ansonsten wird auf eine Ersatzkonstruktion ausgewichen, wie die folgenden Beispiele zeigen.

(1) …wusste, dass jedes aus Linsen zusammengebaute optische Instrument mittels *optischer Gesetze* erklärbar war.

(2) Sie sehen das Ende ihrer sinnvollen Existenz kommen und versuchen, diese mittels *Gesetzen* zu verlängern.

Die NPs in (1) und (2) *optischer Gesetze* bzw. *Gesetzen* werden in den beiden Fällen von der Präposition *mittels* regiert. Aber nur in (1) steht die NP im Genitiv, dem Kasus, den die Präposition *mittels* standesgemäß regiert. Die NP *optischer Gesetze* enthält ein Adjektiv, das die *r*-Flexionsendung trägt, und erfüllt somit die oben genannten Bedingungen. In (2) hingegen besteht die betreffende NP allein aus dem Substantiv *Gesetzten*. Da hier ein Wort fehlt, das die Flexionsendung *-r* für den Genitiv hätte tragen können, kann die von der Präposition *mittels* regierte NP nicht im Genitiv stehen. Die NP *mittels Gesetze wäre ungrammatisch. In diesem Fall wird auf den Dativ als Ersatzkonstruktion ausgewichen.

Neben dem Dativ fungieren auch oft *von*-Phrasen als Ersatzkonstruktionen für den Genitiv.

(3) Die zulässige Höchstgeschwindigkeit beträgt innerhalb *geschlossener Ortschaften*, außerhalb *von Ortschaften* 80 km/h.

In (3) folgt auf die genitivregierenden Präpositionen *innerhalb* bzw. *außerhalb* eine Genitivphrase *geschlossener Ortschaften* bzw. eine *von*-Phrase *von Ortschaften*. Die Bedingungen für die Realisierung des Genitivs sind nur im ersten Fall erfüllt, da an das Adjektiv *geschlossener* eine Kasusmarkierung tritt. Im zweiten Fall würde aufgrund des Fehlens eines Artikelwortes bzw. eines Adjektivs eine Genitivphrase die Sichtbarkeitsregel verletzen: **außerhalb Ortschaften* wäre ungrammatisch. Um die Konstruktion zu ‚retten‘, wird auf eine *von*-Phrase zurückgegriffen.

Noch häufiger als nach Präpositionen, wo hauptsächlich der Dativ die Ausweichkonstruktion ist, werden *von*-Phrasen im adnominalen Bereich als **Ersatzkonstruktionen** für den Genitiv verwendet.

(4) Natürlich gilt dies nur für die ambulante oder stationäre Behandlung *akuter Erkrankungen.*

(5) Die Anwendung der Sauna zur unterstützenden Behandlung *von Erkrankungen* wird vom Arzt verordnet.

Ähnlich wie in (1-3) wird nur dort der Genitiv realisiert, wo ein Träger der Kasusmarkierung vorhanden ist, also das Adjektiv *akuter* in (4): *akuter Erkrankungen.* Demgegenüber kommt in (5) eine *von*-Phrase zum Einsatz, da die betreffende Phrase *Erkrankungen* außer dem Substantiv selbst kein weiteres Element enthält, an dem die Genitivmarkierung hätte realisiert werden können.

Demgegenüber gelten Konstruktionen, in denen eine NP trotz fehlenden Artikelwortes bzw. Adjektivs im Genitiv steht, eher als zu vernachlässigende Randfälle des Systems. Hierbei handelt es sich zum einen um die Genitivmarkierung artikelloser Eigennamen wie in *Petras neue Anschaffung.* Das Verhalten des Eigennamens *Petras* lässt sich allgemein auf den speziellen Status von Eigenamen als Unterart des Substantivs zurückführen. Das Besondere in diesem Fall ist, dass das Genitiv-*s* auch bei Feminina steht, woran sich die Irregularität und somit die Besonderheit der Genitivmarkierung am Eigennamen erkennen lässt (vgl. Kap. 3.1., 10.3). Zum anderen kann nach Präpositionen wie *wegen* und *trotz* eine Genitivphrase stehen, auch wenn dem Substantiv weder ein Artikelwort noch ein Adjektiv vorangeht wie in *wegen Regens* oder *trotz Regens.* Bei diesen Fällen handelt es sich jedoch um einen veralteten Sprachgebrauch, der stilistisch stark markiert ist und eher als „sprachpflegerisch bedingtes Residuum" (Gallmann 1996: 292) anzusehen ist.

9.3   Der Genitiv: Kasus der Schriftsprache?

Der Genitiv spielt nicht nur in den Dialekten (Fleischer/Schaller 2011: 84ff.), sondern auch in den standardnahen Umgangssprachen kaum noch eine Rolle. Er hat sich zu einem Großteil aus dem Bereich der gesprochenen Sprache in die Schriftsprache zurückgezogen. Dies gilt uneingeschränkt, wie in Kapitel 7.1 erläutert, für den adverbalen Genitiv. Die Charakterisierung des Genitivs als schriftsprachlichem Kasus trifft größtenteils auch auf den präpositionalen Bereich zu. In der gesprochenen Sprache spielt der präpositionale Genitiv so gut wie keine Rolle. Das zeigt sich zum einen daran,

71

dass nach Präpositionen wie *wegen* und *trotz*, die auch in der gesprochenen Sprache relativ häufig gebraucht werden, der Dativ verwendet wird. Zum anderen gehört der Großteil der genitivregierenden Präpositionen einer höheren Stilebene an. Präpositionen wie *aufgrund* oder *angesichts* kommen in der gesprochenen Sprache kaum vor. Solche und ähnliche Präpositionen gelten sogar als Merkmal eines gehobenen schriftsprachlichen Stils. Ihre Verwendung ist auf die Schriftsprache beschränkt. Der Genitiv tritt hier gewissermaßen in der Funktion „des schriftsprachlichen Präpositionalkasus" auf (Eichinger 2013: 158).

Auch im adnominalen Bereich zieht sich der Genitiv immer mehr in die Schriftsprache zurück. Gleichzeitig wird er in der gesprochenen Sprache zugunsten alternativer Konstruktionen zurückgedrängt. Besonders deutlich ist dies bei Konstruktionen mit **Maßangaben** zu beobachten. So wird die Abhängigkeit der **Artangabe** (z.B. *Kaffee*) von der Maßangabe (z.B. *Tasse*) bevorzugt durch Apposition zum Ausdruck gebracht (*ich trinke eine Tasse **schwarzen Kaffee***), während der partitive Genitiv immer seltener wird und stilistisch gehoben anmutet (*ich trinke eine Tasse **schwarzen Kaffees***) (vgl. Kap. 5.2, 10.2). Dabei wird die sogenannte **partitive Apposition** besonders dort bevorzugt, wo das Substantiv eine Genitivmarkierung erfordert, also im Singular Maskulinum/Neutrum.

Während die Bedeutung des Genitivs als Objektkasus und partitiver Kasus zurückgegangen ist und sein Gebrauch nach Präpositionen im Gegenwartsdeutschen größtenteils auf die Schriftsprache beschränkt bleibt, hat er sich als Kasus des Attributs viel besser im Sprachsystem erhalten. In dieser Funktion ist er am produktivsten. So kann nahezu bei jedem Substantiv ein Genitivattribut stehen (z.B. *das Haus **des Nachbarn***). Während also der Nominativ prototypisch das Subjekt, der Akkusativ das direkte Objekt und der Dativ das indirekte Objekt kodiert (vgl. Kap. 2.3), ist der Genitiv der prototypische Kasus des Attributs (vgl. Kap. 4.4). Aber auch in diesem adnominalen Bereich konkurriert der Genitiv, insbesondere in der gesprochenen Sprache, mit anderen Konstruktionen. Dabei stellen *von*-Präpositionalphrasen die häufigsten Ersatzkonstruktionen für das Genitivattribut dar (z.B. *das Haus **vom Nachbarn***).

Aufgabe 1: Erläutern Sie, inwiefern die Genitivphrase in (1) die Sichtbarkeitsregel erfüllt, die in (2) jedoch nicht. Durch welche Konstruktion müsste der Genitiv in (2) ersetzt werden, damit der Satz grammatisch wird?

(1) Nun folgte er trotz großer Meinungsunterschiede den Vorgaben der Gastgeberin.

(2) *Nun folgte er trotz Meinungsunterschiede den Vorgaben der Gastgeberin.

Aufgabe 2: Aus welchen Gründen wird der partitive Genitiv besonders im Singular Maskulinum/Neutrum vermieden und durch appositive Konstruktionen ersetzt?

9.4 Zusammenfassung

Der Genitiv spielt im gegenwärtigen Sprachgebrauch nur eine untergeordnete Rolle. Das ist insbesondere in der gesprochenen bzw. informellen Sprache der Fall, wo der Genitiv immer mehr durch andere Konstruktionen ersetzt wird. Dabei ist der Dativ entgegen verbreiteter Meinung nicht die einzige Ersatzkonstruktion für den Genitiv. Vielmehr liegt für jeden Genitivtyp eine andere Ersatzkonstruktion vor. Der Gebrauch des Genitivs bleibt zu einem Großteil auf die Schriftsprache beschränkt. Dies gilt insbesondere für den adverbalen und präpositionalen Genitiv, wo genitivregierende Verben und Präpositionen überwiegend als Merkmal eines gehobenen schriftsprachlichen Stils angesehen werden können. Während der Genitiv als adverbaler und präpositionaler Kasus und als Kongruenzkasus im gegenwärtigen Sprachgebrauch immer mehr an Bedeutung verliert, ist er im adnominalen Bereich als Kasus des Attributs deutlich besser erhalten. Aber auch als attributiver Kasus ist der Genitiv nicht konkurrenzlos, sondern wird zunehmend durch andere Konstruktionen ersetzt.

Grundbegriffe: Genitiv-Akkusativ-Alternation, partitives Genitivobjekt, Partitivität, Aspekt, Sichtbarkeitsregel, Ersatzkonstruktionen, Maßangabe, Artangabe, partitive Apposition.

Weiterführende Literatur: Anttila 1983, Donhauser 1998, Duden 2016, Eichinger 2013, Eisenberg 2004, Fleischer/Schallert 2011, Gallmann 1996, Nishiwaki 2010.

10. Kasusschwankungen

Die Kasusverwendung ist im realen Sprachgebrauch nicht immer einheitlich. Dabei betreffen die **Kasusschwankungen** die Kasuskategorie wie die Kasusform. Mit Schwankungen in der Kasuskategorie werden solche Fälle bezeichnet, in denen im Sprachgebrauch verschiedenen Kasus konkurrieren. Schwankungen bei der Wahl der Kasuskategorie sind sowohl bei der Kasusrektion als auch der Kasuskongruenz belegbar. So liegt eine Reihe von Präpositionen vor, deren Rektion zwischen dem Dativ und dem Genitiv schwankt. Im Bereich der Kasuskongruenz zeigt sich der uneinheitliche Sprachgebrauch insbesondere bei Appositionen, bei *als*-Konjunktionalphrasen sowie bei partitiven Konstruktionen. Schwankungen in der Kasusform bezeichnen auf der anderen Seite solche Konstellationen, in denen im Sprachgebrauch verschiedene Formen für dieselbe Kasuskategorie nebeneinander existieren. Schwankungen in der Kasusform entstehen vorwiegend durch die häufige Auslassung des Genitiv-*s* bei bestimmten Klassen von Substantiven sowie durch den Wegfall von Kasusendungen bei den sogenannten schwachen Maskulina.

10.1 Schwankende Kasusrektion

Der Kasusgebrauch nach bestimmten Präpositionen stellt den prominentesten Fall schwankender Kasusrektion dar. So ist gerade das schwankende Rektionsverhalten dieser Präpositionen, das die öffentliche Wahrnehmung eines immer weiter schwindenden Genitivs zugunsten des Dativs prägt. Tatsache ist, dass im gegenwärtigen Sprachgebrauch bei einer Vielzahl von Präpositionen ohne Bedeutungs- bzw. Funktionsunterschied beide Kasus belegt sind.

Die Schwankungen im Kasusgebrauch betreffen ausschließlich die sogenannten sekundären Präpositionen. Diese werden u.a. dadurch charakterisiert, dass sie historisch relativ jung sind und ihre Herkunft noch transparent ist. Zu den sekundären Präpositionen mit schwankender Kasusrektion zählen u.a. *dank*, *trotz* und *während*. Ihr relativ junges Alter erkennt man daran, dass man gut rekonstruieren kann, aus welchen Basiswörtern diese Präpositionen abgeleitet sind. So lässt sich die Präposition *dank* auf das Substantiv *Dank* und die Präposition *trotz* auf das Substantiv *Trotz* zurückführen. Die Präposition *während* ist aus dem etwas veralteten Verb *währen* abgeleitet und bildet dessen Partizip I.

(1) a. Wir haben dank des ARD-Archivs unfassbare Materialmengen.
     b. Erst dank einem Gentest wurde die Verwechselung dann lange Zeit
        später bestätigt.
(2) a. Der Betrieb geht trotz des Umbaus weiter.
     b. Deutsche Aktien legen trotz schlechtem US-Arbeitsmarktbericht zu.
(3) a. Nun beten wir während dem Wandern das Morgengebet.
     b. Dort sind während des Gipfels die Justiz und Ermittler untergebracht.

Die Rektionsschwankungen dieser und anderer ähnlicher Präpositionen rührt daher, dass sie im Laufe der Zeit neben ihrer ursprünglichen Rektion eine weitere ‚Fremdrektion' entwickelt haben. Dabei
geht dieser **Rektionswechsel** keineswegs immer in eine Richtung,
nämlich von Genitiv zu Dativ. Vielmehr zeigt der gegenwärtige
Sprachgebrauch, dass auch ein Rektionswechsel von Dativ zu Genitiv stattfindet (vgl. Di Meola 2009). D.h., ursprünglich genitivregierende Präpositionen regieren inzwischen auch den Dativ und ursprünglich dativregierende Präpositionen regieren inzwischen auch
den Genitiv. Die These eines generellen, im präpositionalen Bereich
stattfindenden Genitivschwundes lässt sich zumindest im geschriebenen Standarddeutschen der Gegenwart nicht belegen.

Das schwankende Rektionsverhalten von Präpositionen wie
dank, *trotz* und *während* verhindert eine eindeutige Einstufung dieser Präpositionen als genitiv- bzw. dativregierend. So gehört laut
der Duden-Grammatik (2016: 623) *dank* zu den dativregierenden
Präpositionen, bei denen der Genitiv „häufig ist". Demgegenüber
werden in demselben Grammatikwerk *trotz* und *während* zu den
genitivregierenden Präpositionen gezählt, die „auch den Dativ erlauben" (ebd. 624).

Trotz des schwankenden Rektionsverhaltens dieser Präpositionen lässt sich deren ursprüngliche Rektion rekonstruieren und zwar
entweder anhand der Rektion des Spenderlexems, d.h. des Wortes,
aus dem sich die Präposition entwickelt hat, und/oder anhand fester
Redewendungen. So geht, wie bereits oben erwähnt, die Präposition
dank auf das Substantiv *Dank* zurück. Das Substantiv *Dank* wie
auch das Verb *danken* regieren den Dativ. Daraus ist zu schließen,
dass es sich bei *dank* um eine ursprünglich dativregierende Präposition handelt. Tatsächlich ist anhand von Texten aus früheren Zeiten
des Neuhochdeutschen belegbar, dass die Präposition *dank* bis in
das 19. Jahrhundert hinein ausschließlich bzw. überwiegend den
Dativ regiert hat.

Ähnliches gilt auch für die Präposition *trotz*, die auf das Substantiv *Trotz* zurückgeht. An Redewendungen wie *allen Warnungen
zum Trotz* erkennt man, dass hier eine Dativrektion vorliegt. Auch
das Verb *trotzen* regiert den Dativ (*Sie trotzte ihrem Schicksal*). Des

Weiteren ist an dem Konjunktionaladverb *trotzdem* ersichtlich, dass es sich bei *trotz* um eine ursprüngliche dativregierende Präposition handelt. Es ist anhand von Korpusdaten belegbar, dass die Präposition *trotz* bis in das 18. Jahrhundert hinein überwiegend den Dativ regiert hat, bevor ab dem 19. Jahrhundert der Genitiv nach und nach die Oberhand gewann.

Für die Kasusschwankungen solcher Präpositionen liegen verschiedene Erklärungsansätze vor. Di Meola (2000) sieht die Ursache dieser Schwankungen in einer noch nicht abgeschlossenen **Grammatikalisierung** dieser Wörter, d.h. diese Wörter haben sich noch nicht vollständig zu Präpositionen ausgebildet. Mit Grammatikalisierung wird ein Prozess bezeichnet, bei dem sich im Laufe der Zeit aus einem Inhaltswort (z.B. Substantiv oder Adverb) ein Funktionswort (z.B. eine Präposition oder eine Konjunktion) entwickelt (vgl. Ferraresi 2014). Bei ihrer Grammatikalisierung streben die Präpositionen Di Meola (2000) zufolge einen anderen Kasus an als den Kasus, den das Spenderlexem regiert. Indem sie einen ‚fremden' Kasus annimmt, entfernt sich die werdende Präposition vom Spenderlexem und ‚emanzipiert' sie sich auf ihrem Weg zu einer selbstständigen Wortart von diesem. Di Meola (2000) hält dies für den Grund dafür, weshalb der Kasuswechsel bei diesen Präpositionen in beide Richtungen geht: von Genitiv zu Dativ und von Dativ zu Genitiv.

Auch die Duden-Grammatik führt Kasusschwankungen bei sekundären Präpositionen auf ihr relativ junges Alter zurück. Laut Duden (2016: 613) regieren Präpositionen in „einer Frühphase eher den Genitiv", bevor sie später eine Dativ- oder Akkusativrektion entwickeln. Diese Erklärung legt nahe, dass die Entwicklung immer in eine Richtung geht: von Genitiv zu Dativ. Tatsächlich ist es so, dass sich in der gesprochenen Standardsprache bzw. in der standardnahen Umgangssprache der Dativ bei den Präpositionen mit schwankender Kasusrektion weitgehend durchgesetzt hat. Der Gebrauch des Genitivs gilt eher als stilistisch markiert und hält sich unter dem Einfluss der präskriptiven Norm insbesondere in der formellen, geschriebenen Standardsprache (vgl. Kap. 9.3).

10.2 Schwankungen in der Kasuskongruenz

Schwankungen, die die Kasuskategorie betreffen, sind auch im Bereich der Kasuskongruenz anzutreffen. Im gegenwärtigen Sprachgebrauch ist dies bei Appositionen, bei *als*-Konjunktionalphrasen und bei partitiven Konstruktionen der Fall.

Appositionen: Wie wir in Kapitel 5.3 gesehen haben, übernimmt eine Apposition in der Regel den Kasus ihrer Bezugs-NP. Abweichend von dieser Regel kommt es aber auch vor, dass eine appositive NP in einem anderen Kasus steht als ihre Bezugsphrase (vgl. Vater 2006, 2015). Als bekanntester Fall ist in diesem Zusammenhang die sehr gebräuchliche Verbindung von Wochentag und Datum zu nennen.

(4) Das Finale wird Sonntag, *den 30. Juni,* in Lissabon ausgetragen.
(5) Das Finale wird am Sonntag, *dem 30. Juni,* in Lissabon ausgetragen.
(6) Das Finale wird am Sonntag, *den 30. Juni* in Lissabon ausgetragen.

Kasuskongruenz zwischen dem Wochentag und der Datumsangabe liegt in (4) und (5) vor, nicht aber in (6). In (4) kongruiert die Datumangabe *den 30. Juni* mit dem Adverbialakkusativ *Sonntag.* Bei *dem 30. Juni* in (5) handelt es sich um eine Apposition im Dativ, die in ihrem Kasus mit dem ebenso im Dativ stehenden Wochentag *Sonntag* kongruiert.

In (6) besteht hingegen keine Kasuskongruenz zwischen der Datumsangabe und dem Wochentag. Vielmehr stehen der Wochentag *den 30. Juni* als Apposition und die Datumsangabe *Sonntag* als Bezugsphrase in unterschiedlichen Kasus: Ersteres im Akkusativ, Letzteres im Dativ. Konstruktionen wie in (6), in denen die Datumsangebe mit dem Wochentag nicht kongruiert, sind im gegenwärtigen Sprachgebrauch sehr verbreitet. Eine Erklärung für die fehlende Kasuskongruenz zwischen dem Wochentag und der Datumsangabe ist, dass letztere nicht als Apposition zum vorangehenden Wochentag, sondern als adverbialer Akkusativ gewertet wird, der seinen Kasus aufgrund seiner temporalen Semantik erhält (vgl. Kap. 6.1).

Abweichungen von der Grundregel der Kasuskongruenz bei Appositionen treten auch in weiteren Konstellationen auf. Dabei steht die appositive NP unabhängig vom Kasus ihrer Bezugsphrase oft im Nominativ. Dies ist insbesondere bei artikellosen appositiven NPs der Fall (Zifonun et al. 1997: 2039).

(7) Das Stück des Schriftstellers Thomas Bernhard, *Dramatiker aus Österreich.*

In Fällen wie (7), in denen dem Substantiv weder ein Artikelwort noch ein Adjektiv vorangeht, ist im gegenwärtigen Sprachgebrauch nur noch der **inkongruente Nominativ** üblich (Duden 2016: 991).

Der inkongruente Nominativ wird auch dort verwendet, wo der NP ein attributives Adjektiv enthält (Vater 2006: 2).

(8)   Der Prozessauftakt gegen Marwan Barguti, *palästinensischer Parlamentarier und prominentester Intifada-Führer*.

Im Unterschied aber zu Fällen wie in (7), in denen die appositive NP einzig aus dem Substantiv besteht, ist in Appositionen mit einem Adjektiv wie in (8) auch Kasuskongruenz möglich, also *palästinensischen Parlamentarier und prominentesten Intifada-Führer*.

Inkongruente appositive NPs begegnen auch in Appositionen mit Artikelwort und zwar dann, wenn die Bezugsphrase im Genitiv steht. Nur selten kongruiert die appositive NP wie in (9) mit ihrer Bezugs-NP.

(9)   Der Chef des Verwaltungsrats, *des höchsten Firmengremiums*, dankte Pandit zum Abschied.

Stattdessen wird die Apposition sehr häufig im Dativ realisiert, dem stärksten Konkurrenten des Genitivs (Vater 2006: 3, Hentschel 2010: 32).

(10)   Manfred Prenzel, der Vorsitzende des Wissenschaftsrats, *dem wichtigsten wissenschaftspolitischen Beratungsgremium für Bund und Länder…*

Allgemein ist festzustellen, dass der Genitiv als Appositions-Kasus wenig geeignet zu sein scheint und von Sprachnutzern vermieden wird.

als-Konjunktionalphrasen: Ähnliche Kasusschwankungen sind bei *als*-Konjunktionalphrasen zu beobachten. Dabei stellen auch hier Konstruktionen mit einer Bezugsphrase im Genitiv den auffälligsten Fall dar. Belegt ist sowohl Kasuskongruenz wie in (11)

(11)   Diese demografische Realität gefährdet die Identität des Staates *als eines jüdischen*, beziehungsweise die Stabilität der Demokratie der Besatzer.

als auch kasusinkongruente Konjunktionalphrasen wie in (12).

(12)   Artikel 97 und 98 regeln die Konstituierung des Verfassungsgerichts *als einem ominösen, nicht näher bestimmten Komitee.*

Analog zu den appositiven NPs können *als*-Konjunktionalphrasen mit einer Genitiv-Bezugsphrase entsprechend der Grundregel mit ihrer Bezugsphrase kongruieren und im Genitiv stehen. Sie können aber auch den inkongruenten Dativ aufweisen.

Das häufige Ausweichen auf den Dativ stellt die Eignung des Genitivs als Kongruenzkasus infrage. Hierfür spricht auch die Kasusrealisierung an *als*-Konjunktionalphrasen, wenn diese ein attributives Adjektiv enthalten, aber artikellos sind.

(13) Wir werden in den kommenden Jahren durch die Einführung des Euro *als handfestem Zahlungsmittel* einen historischen Schritt nach vorn tun.

Weist die *als*-Konjunktionalphrase wie in (13) die Struktur als+Adjektiv+Substantiv auf und steht die Bezugsphrase im Genitiv, ist im gegenwärtigen Sprachgebrauch der **inkongruente Dativ** üblich. Kasuskongruenz, im Falle von (13) hieße dies: *als handfesten Zahlungsmittels*, ist so gut wie nicht belegt.

Partitive Konstruktionen: Partitive Konstruktionen drücken ein Teil-Ganzes-Verhältnis aus wie beispielsweise in dem Ausdruck *eine Tasse Kaffee*. Semantisch sind die zwei NPs *eine Tasse* und *Kaffee* so aufeinander bezogen, dass der Inhalt der Tasse an Kaffee einen Teil des insgesamt vorhandenen Kaffees ausmacht, wobei die erste NP als Maßangabe, die zweite als Artangabe gilt (Eisenberg 2004, 258ff.). Syntaktisch fungiert die Artangabe *Kaffee* als partitives Attribut zur Maßangabe *eine Tasse*. Zur grammatischen Kodierung dieses Teil-Ganzes-Verhältnisses werden im gegenwärtigen Sprachgebrauch zwei syntaktische Mittel genutzt. Zum einen steht die Artangabe im Genitiv.

(14) Ich trinke jeden Morgen eine Tasse *schwarzen Kaffees.*

Mit *schwarzen Kaffees* liegt in (14) ein partitiver Genitiv vor, also ein Genitiv, der das Teil-Ganzes-Verhältnis zwischen *Tasse* und *Kaffee* syntaktisch zum Ausdruck bringt.

Zum anderen kann die Kodierung des Teil-Ganzes-Verhältnisses durch Kasuskongruenz erfolgen. In diesem Fall übernimmt die Artangabe den Kasus der Maßangabe.

(15) Ich trinke jeden Morgen eine Tasse *schwarzen Kaffee.*

In (15) verhält sich die Artangabe *schwarzen Kaffee* ähnlich einer Apposition, indem sie mit ihrer Bezugsphrase *eine Tasse* in Kasus kongruiert. In diesem Fall spricht man von partitiver Apposition.

Es kann zwar keine allgemeine Aussage darüber gemacht werden, welche Faktoren die Wahl des partitiven Genitivs bzw. der partitiven Apposition begünstigen. Im gegenwärtigen Sprachgebrauch besteht jedoch die Tendenz, den partitiven Genitiv im Plural (16), die partitive Apposition im Singular zu wählen (17-18) (vgl. Hentschel 1993).

(16) Sie kam mit einem Stapel *ausländischer Zeitungen* an.
(17) Ich hätte gern ein Glas *kalten Zitronentee.*
(18) Soll ich mir zwei Meter *gelbe oder weiße Seide* kaufen?

Während in (16) die Artangabe *ausländischer Zeitungen* unabhängig vom Kasus ihrer Bezugsphrase *einem Stapel* im Genitiv steht,

kongruieren die Artangaben *kalten Zitronentee* und *gelbe oder weiße Seide* in (17) bzw. (18) mit ihre jeweiligen Bezugsphrase in Kasus und stehen im Akkusativ.

10.3 Schwankungen in der Kasusform

Während die Schwankungen in den Bereichen Kasusrektion und
Kasuskongruenz die Kasuskategorie betreffen, indem die Kasuswahl nicht einheitlich ist, handelt es sich bei Schwankungen in der
Kasusform lediglich um Unterschiede in der Markierung ein und
derselben Kasuskategorie. Schwankungen in der Kasusform kommen dadurch zustande, dass in bestimmten Konstellationen Kasussuffixe oft ausgelassen werden. Davon sind im gegenwärtigen
Sprachgebrauch insbesondere das Genitiv-*s* bei einer bestimmten
semantischen Klasse von Substantiven und die Kasussuffixe bei
schwachen Maskulina betroffen.

Wegfall des Genitiv-s: Während das Genitiv-*s* bei Gattungsbezeichnungen immer noch obligatorisch ist (*das Volumen des Würfels* vs.
*das Volumen des *Würfel*), wird es immer häufiger bei Eigennamen
und eigennamenähnlichen Substantiven ausgelassen (vgl. Konop-
ka/Fuß 2016). Bei Personennamen hat sich die kasusflektierte Form
so gut wie durchgesetzt.

(19) Der Vater des kleinen *Konstantin*.

Vor- oder Nachnamen mit einem Genitiv-*s*, etwa *des Konstantins*,
sind im gegenwärtigen Sprachgebrauch nicht mehr üblich. Dabei ist
der Verzicht auf das Genitiv-*s* bei Personennamen keine neue Er-
scheinung. Bereits in der zweiten Auflage von Goethes ‚Die Leiden
des jungen Werther' wird das Genitiv-*s* getilgt. In der ersten Auflage hieß es noch ‚des jungen Werthers' (Duden 2016: 202).
   Bei geographischen Eigennamen schwankt hingegen der
Sprachgebrauch. Es stehen für dieselben Substantive kasusflektierte
Formen und Formen mit dem Genitiv-*s* nebeneinander (vgl. Ko-
nopka/Fuß 2016).

(20) Die Ruinen des alten *Roms*.
(21) Die Gründungsväter des neuen *Rom*.

Gleiches gilt auch für eigennamenähnliche Substantive wie Wo-
chentage oder Monate, aber auch Substantive wie *Islam* oder *Rokoko*. Anders als Eigennamen wie *Emile* oder *Rom*, die nur in bestimmten syntaktischen Kontexten mit einem Artikel gebraucht
werden, ist das Auftreten von eigennamenähnlichen Substantiven

zusammen mit einem Artikel völlig regulär. Sie verhalten sich in dieser Hinsicht ähnlich wie Gattungsbezeichnungen.

(22) Das Belvedere, eine Perle des *Rokoko*, stand nur wenige Jahre.
(23) Die Jahrzehnte des *Rokokos* waren nicht nur Tändelei.
(24) Der Sufismus, eine spirituelle Version des *Islam*, ist in Südostasien weitverbreitet.
(25) In der Geschichte des *Islams* spielt sie aber praktisch keine Rolle.

Trotz der Regularität des Artikels bei eigennamenähnlichen Substantiven wie *Islam* und *Rokoko* verhalten sie sich anders als Gattungsbezeichnungen. Sie zeigen sich anfällig für die Auslassung des Genitiv-*s*. Es besteht im gegenwärtigen Sprachgebrauch eine deutliche Präferenz zum Verzicht auf die Genitivmarkierung. Diese Beobachtung kann als Ausdruck einer Tendenz zum stetigen Abbau von Kasusflexion am Substantiv im Allgemeinen angesehen werden (vgl. Kap. 3.1).

Wegfall der Kasusflexion bei schwachen Maskulina: Der Wegfall der Kasusflexion bei schwachen Maskulina wie *Pilot* und *Präsident* ist ein weiteres Beispiel für Schwankungen in der Kasusform. Schwache Maskulina bilden eine relativ kleine Klasse von Substantiven. Sie haben die Besonderheit, dass sie im Unterschied zu allen anderen Maskulina nicht nur im Genitiv, sondern auch im Akkusativ und Dativ Singular eine Kasusmarkierung tragen, (*den Piloten/Präsidenten* bzw. *dem Piloten/Präsidenten, des Piloten/Präsidenten*). Lediglich im Nominativ Singular weisen sie keine Kasusmarkierung auf (*der Pilot/der Präsident*).

In bestimmten syntaktischen Konstellationen treten neben kasusflektierten Formen auch Formen ohne Kasusmarkierung auf.

(26) Die Atommacht wird bis auf Weiteres ohne *Präsidenten* sein.
(27) Der Verband steht ohne *Präsident* da.

Geht dem schwachen Maskulinum weder ein Artikelwort noch ein Adjektiv voran, wird es wie in (27) in den meisten Fällen im Akkusativ und Dativ ohne Kasusmarkierung realisiert. In der Literatur wird in diesem Zusammenhang von syntaktisch bedingtem Kasuswegfall gesprochen (Gallmann 1996). Fälle wie in (26), in denen trotz fehlendem Artikelwort bzw. Adjektiv das Substantiv kasusmarkiert ist, sind selten. Der häufige Wegfall der Kasusmarkierung wird damit erklärt, dass sich die schwachen Maskulina, die nur einen geringen Prozentsatz aller Maskulina ausmachen, dabei sind, sich in ihrem Flexionsverhalten der Mehrheit der Maskulina anzugleichen. Diese tragen im Akkusativ und Dativ keine Kasusmarkierung (*den*/*dem Tisch*) (Thieroff 2003). Der Wegfall der Kasusmar-kierung wird auch damit in Zusammenhang gebracht, dass dies zu-gunsten der Numeruseindeutigkeit geschieht. Denn ohne vorange-hendes Artikelwort oder Adjektiv ist es in einem Satz wie

(28) Das Flugzeug flog daraufhin ohne *Piloten* weiter.

nicht eindeutig, ob es sich hierbei um einen oder mehrere Piloten handelt. Verzichtet man hingegen auf die Kasusmarkierung *-en*,

(29) Das Flugzeug flog daraufhin ohne *Pilot* weiter.

wird Eindeutigkeit hergestellt: Es kommt nur noch die Singular-Lesart infrage.

Aufgabe 1: Präpositionen wie *dank* und *trotz* haben eine schwankende Kasusrektion. Sie regieren mal den Dativ mal den Genitiv. Wie kann die ursprüngliche Rektion solcher Präpositionen ermittelt werden?

Aufgabe 2: In den Sätzen (1-2) liegt zwischen den zwei NPs *einen Becher* und *dampfenden Glühwein(s)* je eine andere syntaktische Verbindung vor. Beide Konstruktionen gelten als korrekt.

(1) In der Rechten hält er einen Becher *dampfenden Glühweins*.
(2) In der Rechten hält er einen Becher *dampfenden Glühwein*.

Beschreiben Sie die syntaktischen Verbindungen, die zwischen den zwei NPs *einen Becher* und *dampfenden Glühwein(s)* in (1-2) vorliegen.

Aufgabe 3: Bei den sogenannten schwachen Maskulina ist die Auslassung von Kasussuffixen im Akkusativ und Dativ Singular akzeptabel (den Studenten/den Student; dem Studenten/dem Student), im Genitiv aber nicht (des Studenten/*des Student). Überlegen Sie, wie dieser Akzeptabilitätsunterschied zu erklären ist.

10.4 Zusammenfassung

Kasusschwankungen resultieren aus der uneinheitlichen Wahl der Kasuskategorie oder der Kasusform. Was die Kasuskategorie be-trifft, ist die Uneinheitlichkeit des Gebrauchs zum einen auf die schwankende Rektion der betreffenden Wörter zurückzuführen. So regieren die sogenannten sekundären Präpositionen wie *trotz* und *dank* mehr als nur einen Kasus. Sprachnutzer wählen nach solchen Präpositionen mal den Genitiv, mal den Dativ. Ein anderer Fall von Schwankungen in der Kasuskategorie betrifft die Kasuswahl bei Appositionen und *als*-Konjunktionalphrasen. Oft weicht im Sprachgebrauch die Kasusrealisierung von der Grundregel der Kongruenz ab. Appositionen oder *als*-Konjunktionalphrasen stehen dann in einem anderen Kasus als ihre Bezugsphrase. Fehlende Kasuskongruenz ist besonders beim Genitiv zu beobachten, der so gut wie nicht als Appositionskasus auftritt. Demgegenüber wird bei ausbleibender Kasuskongruenz oft der Nominativ als der unmarkierte, neutrale Kasus gewählt.

Schwankungen in der Kasusform liegen vor, wenn verschiedene Kasusformen für dieselbe Kasuskategorie gebraucht werden. Der schwankende Kasusgebrauch resultiert in diesen Fällen aus der Auslassung von Kasusmarkierungen. So wird bei immer mehr Substantiven auf das Genitiv-*s* verzichtet. Bei Personennamen ist die Verwendung des Genitiv-*s* im gegenwärtigen Sprachgebrauch nicht mehr üblich (*des Konstantin*, nicht *des Konstantins*). Von dieser Entwicklung sind inzwischen auch eigennamenähnliche Substantive wie *Rokoko* oder *Islam* erfasst, bei denen der Sprachgebrauch schwankt (*des Rokokos/Rokoko, des Islam/des Islams*). Den zweiten prominenten Fall von Schwankungen in der Kasusform stellt der Wegfall von Kasussuffixen bei den sogenannten schwachen Maskulina dar. Bei dieser Klasse von Substantiven besteht im gegenwärtigen Sprachgebrauch eine Tendenz zur Auslassung von Kasusmarkierungen im Akkusativ und Dativ Singular (z.B. *den/dem Student* anstatt *den/dem Studenten, den/dem Pilot* anstatt *den/dem Piloten*). Der Verzicht auf die Kasusmarkierungen kann damit erklärt werden, dass sich diese kleine Klasse von Maskulina an das Flexionsverhalten der übrigen Maskulina anpasst, bei denen keine Kasusmarkierung für den Akkusativ und Dativ Singular vorgesehen ist (*den Schüler, dem Schüler*).

Grundbegriffe: Kasusschwankung, Rektionswechsel, Grammatikalisierung, inkongruenter Nominativ, inkongruenter Dativ, schwache Maskulina.

Weiterführende Literatur: Di Meola (2000), Di Meola (2009), Dürscheid (2007), Gallmann (1996), Hentschel (1993), Konopka/Fuß (2016), Paulfranz (2013), Thieroff (2003), Vater (2006), Vater (2015).

11. Kasuserwerb

Der Erwerb des deutschen Kasussystems wird relativ spät abgeschlossen (Clahsen 1984, Schmitz 2006). Noch im Primarstufenalter weist der Kasusgebrauch bei Kindern Abweichungen vom zielsprachlichen System auf (Köpcke 2003). Die Gründe dafür sind vornehmlich in der Komplexität des deutschen Kasussystems selbst zu suchen. So wird, wie bereits in Kapitel 3 ausgeführt, Kasus an mehreren Komponenten der NP markiert: am Artikelwort, am Adjektiv und am Substantiv. Dabei besteht kein eineindeutiges Verhältnis zwischen der Kasuskategorie und der Kasusform: ein und dieselbe Kasuskategorie wird abhängig vom Genus und Numerus durch unterschiedliche Suffixe markiert, und ein und dasselbe Suffix steht für unterschiedliche Kasus (vgl. Kap. 3). Im Folgenden geht es hauptsächlich um den **Erwerbsverlauf** der deutschen Kasuskategorien und der damit zusammenhängenden Kasusmarkierungen.

11.1 Phasen des Kasuserwerbs

Bei deutschsprachigen Kindern beginnt der Kasuserwerb erst im dritten Lebensjahr und wird weitgehend mit sechs Jahren abgeschlossen. Seine Aneignung verläuft schrittweise in mehreren Phasen und geht mit der Entwicklung in weiteren morphosyntaktischen und syntaktischen Bereichen einher. Mit zunehmender Länge und Komplexität der Äußerungen schreitet der Kasuserwerb voran. Dabei spielt die Aneignung des Artikel- und Pronominalsystems eine zentrale Rolle.

Phase 1 – keine Kasusmarkierungen: In der ersten Phase des Kasuserwerbs weisen die Äußerungen der Kinder keine Kasusmarkierungen auf. Dies hängt damit zusammen, dass Artikelwörter und Pronomen, die Elemente, an denen Kasus vornehmlich markiert wird, noch nicht auftreten. In dieser Phase liegt der **MLU-Wert** (mean length of utterance, dt. mittlere Äußerungslänge) unter 2,75 Wörtern. Die NPs bestehen allein aus dem Nomen selbst, Artikelwörter werden ausgelassen.

(1)   gleich wauwau suche   (Clahsen 1984: 7)
(2)   Bus fahrn   (Tracy 1986: 55)

In dieser frühen Phase mit einem niedrigen MLU-Wert fehlen also noch die Voraussetzungen für den Kasuserwerb. Das Artikel- und Pronominalsystem ist nicht einmal rudimentär vorhanden; Kasusmarkierungen bleiben gänzlich aus.

Phase 2 – neutrale Kasusmarkierungen: Dies ändert sich in Phase 2, in der der MLU-Wert bei 3,5 Wörtern liegt. Mit den ersten Artikelwörtern und Pronomen treten die ersten Kasusmarkierungen in den Äußerungen der Kinder auf. Allerdings handelt es sich dabei um sogenannte **neutrale Kasusmarkierungen**, d.h. die realisierten Kasusmarkierungen tragen nicht zu einer Kasusdifferenzierung bei. So verwenden Kinder in dieser Phase zwar NPs mit diversen Artikelwörtern. Es werden aber in allen kasusfordernden Kontexten nur Grundformen gebraucht.

(3)	der hat kein teddybär	(Clahsen 1984: 9)
(4)	hab der keubeu (Cowboyhut) noch nich auf	(Clahsen 1984: 9)
(5)	Ich bau ein Turm mit ein Uhr	(Tracy 1986: 55)
(6)	mit sein schießwehr	(Clahsen 1984: 9)

Indefinite, possessive und Negationsartikelwörter werden in ihrer unflektierten Form benutzt (*ein, sein, kein*). Bei den definiten Artikelwörtern tritt ausschließlich die Nominativform auf. Allen Artikelformen ist gemeinsam, dass sie den unmarkierten Fall darstellen (3-6). Es ist offensichtlich, dass in dieser Phase die Artikelwörter nicht zur Kasusunterscheidung eingesetzt werden. Vielmehr steht hier deren semantisch-pragmatische Funktion im Vordergrund. So werden die Artikelwörter *der* bzw. *ein* lediglich zur Anzeige von bestimmter bzw. unbestimmter Referenz verwendet (vgl. Wegener 1995: 9ff.). Mit dem Artikelwort *der* in (4) wird auf einen bestimmten Cowboyhut Bezug genommen. Im Gegensatz dazu wird mit dem unbestimmten Artikelwort *ein* in (5) auf etwas Unbekanntes referiert. Es handelt sich weder um einen bestimmten ‚Turm' noch um eine bestimmte ‚Uhr'. Vielmehr haben beide Substantive in (5) eine unbestimmte Referenz. Ebensowenig ist mit dem Negationsartikelwort *kein* in (3) und dem possessiven Artikelwort *sein* in (6) eine kasusunterscheidende Funktion verbunden. Die zwei Artikelwörter dienen hier allein zum Ausdruck der Negation bzw. der Possession. Dass in dieser **Erwerbsphase** nur die semantisch-pragmatische, nicht aber die grammatische Funktion der Artikelwörter eine Rolle spielt, erkennt man auch daran, dass nicht nur keine Kasus-, sondern auch keine Genusunterscheidung am Artikelwort vorgenommen wird. So wird das feminine Substantiv *Uhr* in (5) mit der Grundform des unbestimmten Artikelwortes *ein*, anstatt *eine*, verwendet.

Es scheint also, dass in dieser Erwerbsphase die Kinder eine Formenreduktion dahingehend vornehmen, dass sie sich zum Ausdruck der jeweiligen semantisch-pragmatischen Funktion auf je eine Artikelform festlegen und sie in allen kasusfordernden Kontexten gebrauchen. Dass es sich bei diesen kasusneutralen Artikelwörtern um die unflektierte Form (*ein, mein, kein*) bzw. die Nominativform (*der*) handelt, dürfte u.a. damit zusammenhängen, dass diese im sprachlichen Input von Erwachsenen bei ihrer Interaktion mit

Kindern besonders häufig vorkommen (Tracy 1984: 56). Dies trifft vor allem auf Kopulakonstruktionen mit dem Verb *sein* zu wie in (7-8).

(7)   Ich bin jetzt der Löwe.   (Tracy 1986: 56)
(8)   Als ich ein kleines Mädchen war...   (Tracy 1986: 56)

Das Besondere an Kopulakonstruktionen wie in (7-8) ist, dass neben dem Subjekt (*ich*) auch das Prädikativum (*der Löwe* bzw. *ein kleines Mädchen*) im Nominativ steht. Die Häufigkeit solcher Konstruktionen führt dazu, dass Artikelwörter gehäuft in ihrer Grundform im sprachlichen Input auftreten und von den Kindern in ebendieser Form aufgegriffen und als kasusneutrale Substantivbegleiter verwendet werden. Auch Äußerungen von Erwachsenen zur reinen Bezeichnung von Objekten enthalten Artikelwörter in ihrer Grundform (z.B. *schau mal da ein Mann/der Mann* (Tracy 1986: 56)). Dies zeigt, dass Faktoren wie die Häufigkeit bestimmter Artikelformen in der Erwachsenensprache den Erwerb von Kasus und Kasusmarkierungen bei den Kindern beeinflusst.

Phase 3 – Kasusmarkierungen Nominativ vs. Akkusativ: Ab einem MLU-Wert von 3,5 Wörtern treten die ersten eindeutigen Kasusmarkierungen auf. In dieser Phase verwenden die Kinder ein **Zweikasussystem**, indem sie zwischen Nominativ und Akkusativ unterscheiden. Hauptsätze mit transitiven Verben, die bereits in Phase 2 beobachtet wurden (vgl. (3-5)), werden in dieser Phase mit der zielsprachlichen Kasusmarkierung realisiert: Das Subjekt erscheint im Nominativ, das direkte Objekt im Akkusativ.

(9)   Papa will jetzt den Elefant machen.   (Tracy 1986: 57)
(10)   ich hab ihn aufgesetzt.   (Clahsen 1984: 11)
(11)   ich habe ein braunen kinderwagen   (Clahsen 1984: 11)

Die Kasusunterscheidung Nominativ vs. Akkusativ erfasst in dieser Phase das definite Artikelwort (9), die Personalpronomen (10) und das Adjektiv (11). Aufgrund der nur schweren akustischen Diskriminierbarkeit von Nominativ- und Akkusativformen des indefiniten (*ein* vs. *einen*), possessiven (*mein* vs. *meinen*) und des Negationartikelwortes (*kein* vs. *keinen*) erscheinen im Output der Kinder nur die morphologisch unmarkierten Formen dieser Artikelwörter (vgl. *ein Kinderwagen* in (11)). Dies führt dazu, dass in dieser Erwerbsphase nicht im Femininum und Neutrum, sondern auch im Maskulinum die Nominativ- und Akkusativformen der betreffenden Artikelwörter morphologisch zusammenfallen (*ein/ein, mein/mein, kein/kein* im Maskulinum und Neutrum bzw. *eine/eine, mei-*

ne/meine, keine/keine im Femininum). In dieser Erwerbsphase ist also die Unterscheidung zwischen Nominativ und Akkusativ bei diesen Artikelwörtern, anders als bei definiten Artikelwörtern, Personalpronomen und Adjektiven, noch nicht durchgeführt.

Die Phase des Zweikasussystems ist des Weiteren dadurch charakterisiert, dass der Akkusativ auch auf dativfordernde Kontexte übergeneralisiert wird.

(12) Julia auf den bein sitzen.	(Clahsen 1984: 11)
(13) hab ich mich das geholt.	(Clahsen 1984: 11)

Von dieser **Übergeneralisierung** sind Artikelwörter (12) und Personalpronomen (13) gleichermaßen betroffen. In dieser Phase werden vorwiegend Konstruktionen mit transitiven Verben verwendet, also Verben mit zwei Argumenten (vgl. 9-11): Das Subjekt wird im Nominativ, das einzige Objekt im Akkusativ realisiert. Bevor die Kasusmarkierungen für den Dativ erworben sind, dient die formale Unterscheidung zwischen dem Nominativ und dem Akkusativ zur unterschiedlichen Markierung von nominalen Satzgliedern mit Subjektfunktion und solchen mit Nicht-Subjektfunktion.

Konstruktionen mit drei Argumenten kommen in dieser Phase kaum in der Sprache der Kinder vor. Werden jedoch ditransitive Verben wie etwa *geben* oder *schenken* verwendet, wird das indirekte Objekt oft ausgelassen.

(14) Du schenk mal ein Pilz.	(Tracy 1986: 59)

Phase 4 – Dativformen: Mit der Zunahme der Komplexität und der Länge der Äußerungen gehen weitere Kasusdifferenzierungen einher. Nach einer Phase, in der der Akkusativ in allen nichtnominativischen Kontexten einschließlich seiner Übergeneralisierung auf dativfordernde Kontexte verwendet wird, treten zunehmend zielsprachliche Dativmarkierungen auf. Dabei werden dativmarkierte Personalpronomen früher und sicherer beherrscht als Dativmarkierungen an Artikelwörtern und Adjektiven (vgl. Scherger 2015). Das betrifft insbesondere Personalpronomen der 1. und 2. Person Singular, also *mir* und *dir*.

(15) Da nehme ich mir ein Regenschirm.	(Tracy 1986: 61)
(16) Soll ich dir dein Pferdschwanz machen.	(Tracy 1986: 61)

Demgegenüber tritt in der 3. Person Singular immer noch die Akkusativ- statt der zielsprachlichen Dativform auf.

(17) Ich sag ihn das.	(Tracy 1986: 61)
(18) Ich habe sie die Körbchen mitgenehmt.	(Tracy 1986: 60)

Die Beispiele in (15-18) zeigen nicht nur, dass die Dativformen der Personalpronomen der 1. und 2. Person Singular (15-16) früher erworben werden als die Dativformen der 3. Person Singular (17-18). Vielmehr treten diese sogar vor der Beherrschung der Akkusativformen für die indefiniten und possessiven Artikelwörter auf (*ein Regenschirm* statt *einen Regenschirm* bzw. *dein Pferdeschwanz* statt *deinen Pferdeschwanz*). Dies kann wie bereits oben erwähnt damit zusammenhängen, dass die Akkusativ- und Nominativformen der indefiniten und possessiven Artikelwörter akustisch nur schwer unterscheidbar sind.

Wie lässt sich erklären, dass die Dativformen der Personalpronomen der 1. und 2. Person Singular *mir* bzw. *dir* früher beherrscht werden als die entsprechenden Formen der 3. Person Singular, also *ihm* bzw. *ihr*? Ein begünstigender Faktor für die Personalformen der 1. und 2. Person Singular ist deren relativ hohe Frequenz im Input. Sie treten deutlich häufiger in der sprachlichen Interaktion mit Erwachsenen auf als etwa Personalpronomen der 3. Person Singular. Dass in der 3. Person Singular die Akkusativformen *ihn* und *sie* länger auf dativfordernde Kontexte übergeneralisiert werden, kann zumindest für das Maskulinum damit erklärt werden, dass die Akkusativform *ihn* und die Dativform *ihm* akustisch nicht so gut unterscheidbar sind und daher im Input nur schwer zu erkennen sind. Diese Erklärung kann jedoch nicht für das Femininum gelten, da zwischen der Akkusativform *sie* und der Dativform *ihr* deutliche lautliche Unterschiede bestehen.

Die ersten Dativformen treten in den Äußerungen des Kindes in einem Alter von etwa drei Jahren auf. Der Erwerb von Dativ und Dativmarkierungen zieht sich aber bis in das sechste Lebensjahr hinein und gilt in vielen Fällen auch im Einschulungsalter als noch nicht abgeschlossen (vgl. Scherger 2015: 167). Das liegt nicht nur an den Kasusformen selbst. Vielmehr hängt dies auch mit der Heterogenität der syntaktischen Konstellationen zusammen, in denen der Dativ gefordert wird. So kann der Dativ der Kasus des einzigen Verbarguments sein, wie in *mir ist kalt*. Er wird aber auch von einigen Verben wie *helfen* und *danken* als Kasus des zweiten Arguments gefordert. Schließlich tritt der Dativ als Kasus des indirekten Objekts auf, das als drittes Argument von Verben wie *geben* oder *schenken* erscheint. Hinzu kommen die von der Verbrektion unabhängigen freien Dative. Im Vergleich dazu sind die Kontexte für den Akkusativ deutlich homogener. Als vom Verb abhängiger Kasus fungiert der Akkusativ einheitlich als Kasus des direkten Objekts, indem er das zweite Argument transitiver Verben markiert.

Die oben genannten Dativtypen treten nicht zeitgleich in den Äußerungen der Kinder auf. Während der freie Dativ (19) und der von transitiven Verben wie *gehören* geforderte Dativ (20)

(19) Da nehme ich mir ein Regenschirm.　　　　(Tracy 1986: 61)
(20) der hört (=gehört) mir.　　　　(Clahsen 1984: 11)

früher und stabiler realisiert werden, nimmt die sichere Beherrschung des Dativs als Kasus des indirekten Objekts ditransitiver Verben wie *geben* oder *schenken* mehr Zeit in Anspruch. Bis zum Erwerb dieses Dativtyps weisen die Äußerungen der Kinder Abweichungen unterschiedlicher Art auf. Zum einen wird, wie oben bereits erwähnt, das indirekte Objekt ganz ausgelassen.

(21) Du schenk mal ein Pilz.　　　　(Tracy 1986: 59)

Die Äußerungen enthalten also nur das Subjekt und das direkte Objekt, während das obligatorische dritte Argument fehlt. In der Phase, in der auch das indirekte Objekt realisiert wird, tritt dieses als Präpositionalphrase auf, wobei die Präpositionen *für* und *zu* häufig gebraucht werden.

(22) für'n papa sollste aber den schenken.　　　　(Eisenbeiß, 1994: 295)
(23) ich schenk's zu das baby.　　　　(Eisenbeiß et al., 2006: 25)

Eine weitere, nicht zielsprachliche Realisierung des indirekten Objekts ist, wenn dieses als NP im Akkusativ statt des erwarteten Dativs erscheint.

(24) das sage ich die mama.　　　　(Eisenbeiß et al., 2006: 24)

Während der Nominativ und der Akkusativ bereits weitgehend stabil erworben sind, erfolgt also der Dativerwerb relativ spät und erweist sich als besonders langwierig. Das zeigt sich u.a. in der häufigen Übergeneralisierung des Akkusativs auf dativfordernde Kontexte. Übergeneralisierungen in die umgekehrte Richtung sind hingen selten. Überdies zeigt sich der Dativ bei bestimmten Gruppen von Lernern wie Kindern mit Sprachentwicklungsstörungen (vgl. Scherger 2015) oder Schülerinnen und Schülern mit Deutsch als Zweitsprache (Sahel 2010) auch deutlich über das normale Erwerbsalter hinaus als besonders fehleranfällig.

Der Genitiverwerb: Während der Erwerb des Nominativs, Akkusativs und Dativs bis zum sechsten Lebensjahr weitestgehend abgeschlossen ist, spielt der Genitiv bis dahin kaum eine Rolle in der Sprache von Kindern (Eisenbeiß/Clahsen 2006: 7). Dies betrifft sowohl den attributiven, postnominalen (z.B. *das Haus des Nachbarn*) als auch den präpositionalen und adverbalen Genitiv. Was allerdings relativ früh belegt ist und häufig in den Äußerungen von Kindern vorkommt, ist der pränominale Genitiv wie in (25).

(25) mamas kissen war hier. (Eisenbeiß et al. 2006: 19)

Konstruktionen mit pränominalem Genitiv wie *mamas* in (25) treten oft noch vor dem dritten Lebensjahr auf (Clahsen 1984: 10). Das Genitivsuffix -*s*, das auch an Eigennamen wie in (25) angehängt wird, zählt sogar zu den ersten Kasusmarkierungen, die Kinder realisieren und sicher beherrschen (Eisenbeiß et al. 2006: 12, 19). Die frühe zielsprachliche Verwendung des pränominalen Genitivs lässt sich zum einen auf die einheitliche Funktion des Genitivsuffixes -*s* zurückführen, die die kommunikativ relevante Funktion der Possession anzuzeigen. Zum anderen tritt diese Kasusmarkierung anders als die regulären Kasusmarkierungen ausschließlich an Eigennamen, die wie andere Substantive auch von Kindern viel früher gebraucht werden als etwa Artikelwörter.

11.2 Erwerb von präpositionalem Kasus

Die bisherigen Ausführungen zum Kasuserwerb betrafen hauptsächlich den adverbalen Kasus, d.h. den Kasus, der von Verben regiert wird. Im Folgenden geht es um den Erwerb des präpositionalen Kasus. Der Erwerb und die Beherrschung der zielsprachlichen Realisierung von Kasus nach Präpositionen nimmt noch mehr Zeit in Anspruch als die adverbalen Kasus (Mills 1985: 188), was eine getrennte Behandlung von präpositionalem und adverbalem Kasus in Untersuchungen zum Kasuserwerb erfordert (vgl. Marx 2014). Dass dieser Bereich des Kasuserwerbs besondere Schwierigkeiten bereitet, hängt mit dem komplexen präpositionalen Kasussystem des Deutschen zusammen. Zum einen regieren deutsche Präpositionen keinen einheitlichen Kasus. Vielmehr können auf Präpositionen bis auf den Nominativ alle Kasus folgen. Zudem liegt eine Reihe von Präpositionen vor, die sogenannten Wechselpräpositionen, die abhängig von der Semantik des im Satz verwendeten Verbs mal den Dativ (in lokaler Bedeutung), mal den Akkusativ (in direktionaler Bedeutung) regieren (vgl. Kap. 4.2). Hinzu kommt, dass manche der Wechselpräpositionen in vielen Fällen zur festen Rektion von Verben gehören wie beispielsweise *glauben an* + *Akk.* oder *warten auf* + *Akk.* In diesen Fällen kann der zu realisierende Kasus nicht aufgrund der lokalen bzw. direktionalen Bedeutung des Verbs vorhergesagt werden. Vielmehr ist der Kasus idiosynkratisch festgelegt. Schließlich erschwert die Verschmelzung von Präposition und

Kasusmarkierung in einem Wort (*am, im, beim, vom, ins...*) das Erkennen von Kasus im sprachlichen Input.

Auch in dem Stadium, in dem Artikelwörter bereits häufig im Output vorkommen, ist deren Auslassung nach Präpositionen ein typischer Fehler, der auf Unsicherheiten bei der Wahl der richtigen Artikelform hindeutet.

(26) sie ist neben käfig und knabbert den käse.　　(Scherger 2015: 172)

Neben Auslassungen von Artikelwörtern nach Präpositionen wie in (26) treten auch zahlreiche falsche Kasusrealisierungen auf, die zum größten Teil aus der Verwendung des Akkusativs in dativfordernden Kontexten resultieren (Eisenbeiß et al. 2006: 31).

(27) ich schenk's zu das baby.　　(Eisenbeiß et al.: 2006: 25)
(28) mit die birne.　　(Eisenbeiß et al.: 2006: 28)

Während Fehlrealisierungen von Kasus nach Präpositionen so gut wie ausschließlich in dativfordernden Kontexten vorkommen, treten nach akkusativregierenden Präpositionen kaum Fehler auf (Eisenbeiß et al. 2006: 23). Bei den wenigen präpositionalen Dativformen, die in dieser Erwerbsphase beobachtet werden, handelt es sich so gut wie ausschließlich um zielsprachliche Realisierungen. Übergeneralisierungen des Dativs auf Akkusativkontexte sind hingegen kaum belegt. Auch wenn die Artikelformen des Neutrums (26) und des Femininums (27) für den Nominativ und den Akkusativ zusammenfallen, ist davon auszugehen, dass die realisierten Formen für den Akkusativ und nicht für den Nominativ stehen. Denn dort, wo der Nominativ und der Akkusativ morphologisch unterschiedlich sind, wie z.B. im Maskulinum Singular (*der/den*) oder bei Personalpronomen (*ich/mich*), werden die Dativformen fast ausschließlich durch Akkusativformen ersetzt. Nominativformen treten nach Präpositionen hingegen nur sehr selten auf (Mills 1985: 189).

Die Ersetzung des zielsprachlichen Dativs durch den Akkusativ ist ebenfalls nach Wechselpräpositionen zu beobachten. Der Akkusativ wird auch in Kontexten mit lokaler Bedeutung verwendet, also dort, wo der Dativ gefordert wird.

(29) julia auf den bein sitzen.　　(Clahsen 1984: 11)

In Kontexten mit direktionaler Bedeutung wird, wenn das Artikelwort nicht ausgelassen wird, vorwiegend der zielsprachlich geforderte Akkusativ realisiert.

(30) in die Milch [fliegen].　　(Mills 1985: 192)

Die korrekte Kasusmarkierung in akkusativfordernden Kontexten nach Wechselpräpositionen scheint aufgrund der bisherigen Ausführungen nicht auf einer Unterscheidung zwischen lokaler und direktionaler Bedeutung der betreffenden Präpositionen zu beruhen. Vielmehr liegt es nahe anzunehmen, dass sie das Ergebnis einer Übergeneralisierung des Akkusativs nach Präpositionen im Allgemeinen ist.

Aufgabe 1: Welche sprachstrukturellen Eigenschaften des Deutschen können dafür verantwortlich gemacht werden, dass der kindliche Kasuserwerb eine relativ lange Zeit in Anspruch nimmt?

Aufgabe 2: Überlegen Sie, warum kasusmarkierte Personalpronomen früher von den Kindern beherrscht und verwendet werden als Kasusmarkierungen am Artikelwort und am Adjektiv.

Aufgabe 3: Welche Gründe können für die relativ späte Beherrschung des präpositionalen Kasus verantwortlich gemacht werden?

11.3 Zusammenfassung

Der Kasuserwerb vollzieht sich schrittweise und geht mit der Entwicklung in weiteren morphosyntaktischen und syntaktischen Bereichen einher. Mit der Produktion der ersten Artikelwörter und Pronomen werden die ersten Kasusmarkierungen realisiert, wobei diese zunächst kasusneutral sind, sie tragen noch zu keiner Kasusunterscheidung bei. Mit zunehmender Länge und Komplexität der Äußerung nähern sich die Kinder allmählich dem zielsprachlichen Kasussystem an. Zunächst ist ein Zwei-Kasus-System erkennbar, bei dem die Kasusmarkierungen für den Nominativ und den Akkusativ zur Unterscheidung von Subjekten und Nichtsubjekten eingesetzt werden. In dieser Erwerbsphase wird der Akkusativ zunächst auch auf dativfordernde Kontexte übergeneralisiert, bevor die Dativmarkierungen zielsprachlich korrekt verwendet werden. Der Erwerb der Kasusmarkierungen erfolgt in der Reihenfolge Nominativ > Akkusativ > Dativ. Der Genitiv spielt, mit Ausnahme des pränominalen Genitivs wie in *mamas kissen*, in den ersten sechs Lebensjahren noch keine Rolle. Faktoren wie akustische Diskriminierbarkeit von Kasusmarkierungen bzw. Kasusformen oder deren Häufigkeit in der Erwachsenensprache scheinen einen Einfluss darauf zu haben, wie früh diese von Kindern beherrscht werden.

Grundbegriffe: Erwerbsverlauf, MLU-Wert (mean length of utterance, dt. mittlere Äußerungslänge), Erwerbsphase, Übergeneralisierung, neutrale Kasusmarkierung, Zweikasussystem.

Weiterführende Literatur: Clahsen (1984), Tracy (1986), Scherger (2005), Mills (1985), Eisenbeiß (1994), Eisenbeiß et al. (2006).

Literatur

Anttila, Harry (1983): Zur geschichtlichen Entwicklung des Genitivobjekts im Deutschen. In: Bahner, Werner (Hg.), Aspekte und Probleme semasiologischer Sprachbetrachtung in synchronischer und diachronischer Sicht. Berlin: Akademie der Wissenschaften der DDR, Zentralinstitut für Sprachwissenschaft, 97-113.

Bausewein, Karin (1990): Akkusativobjekt, Akkusativobjektsätze und Objektsprädikate im Deutschen. Untersuchungen zu ihrer Syntax und Semantik. Tübingen: Niemeyer

Blake, Barry J. (²2001): Case. Cambridge: Cambridge University Press.

Blake, Barry J. (2004): Case. In: Booij, Geert/Lehmann, Christian/Mugdan, Joachim/Skopeteas, Stavros (Hgg.), Morphologie. Ein internationales Handbuch zur Flexion und Wortbildung. 2. Halbband. Unter Mitarbeit von Wolfgang Kesselhiem. Berlin: de Gruyter, 1073-1090.

Clahsen, Harald (1984): Der Erwerb von Kasusmarkierungen in der deutschen Kindersprache. In: Linguistische Berichte 89, 1-31.

Czepluch, Hartmut (1996): Kasus im Deutschen und Englischen. Ein Beitrag zur Theorie des abstrakten Kasus. Tübingen: Niemeyer.

Di Meola, Claudio (2000): Die Grammatikalisierung deutscher Präpositionen. Tübingen: Stauffenburg.

Di Meola, Claudio (2009): Rektionsschwankungen bei Präpositionen – erlaubt, verboten, unbeachtet. In: Konopka, Marek/Strecker, Bruno (Hgg.), Deutsche Grammatik. Regeln, Normen, Sprachgebrauch. Berlin: de Gruyter, 195-221.

Dolińska, Justyna (2012): Zur Klassifizierung der Prädikative. Dissertation, Universität Jena. Online verfügbar unter http://nbn-resolving.de/urn:nbn:de:gbv:27-20120427-101552-3.

Donhauser, Karin (1998): Das Genitivproblem und (k)ein Ende? Anmerkungen zur aktuellen Diskussion um die Ursachen des Genitivschwundes. In: Askedal, John Ole (Hg.), Historische germanische und deutsche Syntax. Frankfurt am Main: Lang, 69-86.

Dowty, David (1991): Thematic proto-roles and argument selection. In: Language 67, 547-619.

Duden (⁹2016): Die Grammatik. Berlin: Dudenverlang.

Dürscheid, Christa (1999): Die verbalen Kasus des Deutschen. Untersuchungen zur Syntax, Semantik und Perspektive. Berlin: de Gruyter.

Dürscheid, Christa (2007): Quo vadis, Casus? Zur Entwicklung der Kasusmarkierung im Deutschen. In: Lenk, Hartmut E./Maik, Walter/Debus, Friedhelm et al. (Hg.), Wahlverwandschaften. Valenzen – Verben – Varietäten. Festschrift für Klaus Welke zum 70. Geburtstag. Hildesheim: Olms, 89-112.

Eichinger, Ludwig (2013): Die Entwicklung der Flexion: Gebrauchsverschiebungen, systematischer Wandel und die Stabilität der Grammatik. In: Deutsche Akademie für Sprache und Dichtung und der Union der deutschen Akademien der Wissenschaften (Hg.), Reichtum und Armut der deutschen Sprache. Erster Bericht zur Lage der deutschen Sprache. Berlin: de Gruyter, 121-170.

Eisenbeiß, Sonja (1994): Kasus und Wortstellungsvariation im deutschen Mittelfeld. Theoretische Überlegungen und Untersuchungen zum Erstspracherwerb. In: Haftka, Brigitta (Hg.), Was determiniert Wortstellungsvariation? Studien zu einem Interaktionsfeld von Grammatik, Pragmatik und Sprachtypologie. Wiesbaden: VS Verlag für Sozialwissenschaften, 277-298.

Eisenbeiß, Sonja/Bartke, Susanne/Clahsen, Harald (2006): Structural and lexical case in child German: Evidence from language-impaired and typically developing children. In: Language Acquisition 13.1, 3-32.

Eisenberg, Peter (2000): Grundriß der deutschen Grammatik. Bd. 1: Das Wort. Stuttgart: Metzler.

Eisenberg, Peter (²2004): Grundriß der deutschen Grammatik. Bd. 2: Der Satz. Stuttgart: Metzler.

Enzinger, Stefan (2010): Kausative und perzeptive Infinitivkonstruktionen. Syntaktische Variation und semantischer Aspekt. Berlin: Akademie-Verlag.

Ferraresi, Gisella (2014): Grammatikalisierung. Heidelberg: Winter.

Fleischer, Jürg/Schallert, Oliver (2011): Historische Syntax des Deutschen. Eine Einführung. Tübingen: Narr.

Gallmann, Peter (1996): Die Steuerung der Flexion in der DP. In: Linguistische Berichte 164, 283-314.

Glinz, Hans (⁶1973): Die innere Form des Deutschen. Eine neue deutsche Grammatik. Bern: Francke.

Greenberg, Joseph Harold (2005): Language universals. With special reference to feature hierarchies. Berlin: Mouton de Gruyter.

Gutzmann, Daniel (2007): Eine Implikatur konventioneller Art: Der Dativus Ethicus. In: Linguistische Berichte 211, 277-308.

Hentschel, Elke (1993): Flexionsverfall im Deutschen? Die Kasusmarkierung bei partitiven Genetiv-Attributen. In: Zeitschrift für germanistische Linguistik 21, 320-333.

Hentschel, Elke (2009): Kasus. In: Hentschel, Elke/Vogel, Petra Maria (Hgg.), Deutsche Morphologie. Berlin: de Gruyter, 191-205.

Hentschel, Elke (Hg.) (2010): Deutsche Grammatik. Berlin: de Gruyter.

Hentschel, Elke/Weydt, Harald (2013): Handbuch der deutschen Grammatik. 4., vollständig überarbeitete Auflage. Berlin: de Gruyter.

Hole, Daniel (2014): Dativ, Bindung und Diathese. Berlin: de Gruyter.

Kaufmann, Ingrid (2004): Medium und Reflexiv. Eine Studie zur Verbsemantik. Tübingen: Niemeyer.

Konopka, Marek/Fuß, Eric (2016): Genitiv im Korpus. Untersuchungen zur starken Flexion des Nomens im Deutschen. Tübingen: Narr Francke Attempto.

Köpcke, Klaus-Michael (2003): Grammatische Komplexität und die Beherrschung der Kasusmorphologie durch Grundschulkinder. In: Didaktik Deutsch 14, 55-68.

Lawrenz, Birgit (1993): Apposition. Begriffsbestimmung und syntaktischer Status. Tübingen: Narr.

Lenz, Barbara (1997): Genitiv-Verben und Objektvariation. Düsseldorf: Sonderforschungsbereich 282 (Theorie des Lexikons, Nr. 97).

Marx, Nicole (2014): Kasuszuweisung und Kasuslehre bei Schülern mit Migrationshintergrund: eine differenzierte Betrachtung. In: Ahrenholz, Bernt (Hg.), Zweitspracherwerb im Jugendalter. Berlin: de Gruyter Mouton, 99-124.

Mills, Anne E. (1985): The acquisition of German. In: Slobin, Dan Isaac (Hg.), The crosslinguistic study of language acquisition. Hillsdale, NJ: Erlbaum, 141-254.

Nishiwaki, Maiko (2010): Zur Semantik des deutschen Genitivs. Ein Modell der Funktionsableitung anhand des Althochdeutschen. Hamburg: Buske.

Noack, Christina (2010): Phonologie. Heidelberg: Winter.

Ogawa, Akio (2003): Dativ und Valenzerweiterung. Syntax, Semantik und Typologie. Tübingen: Stauffenburg.

Paulfranz, Alexandra (2013): Kasusmarkierungen der Gegenwartssprache in deutschen Lokal- und Regionaltageszeitungen. Bamberg: University of Bamberg Press.

Primus, Beatrice (1999): Rektionsprinzipien. In: Wegener, Heide (Hg.), Deutsch kontrastiv. Typologisch-vergleichende Untersuchungen zur deutschen Grammatik. Tübingen: Stauffenburg, 135-170.

Primus, Beatrice (2004): Protorollen und Verbtyp: Kasusvariaton bei psychischen Verben. In: Kailuweit, Rolf/Hummel, Martin (Hgg.), Semantische Rollen. Tübingen: Narr, 377-401.

Primus, Beatrice (2012): Semantische Rollen. Heidelberg: Winter.

Sahel, Said (2010): Ein Kompetenzstufenmodell für die Nominalphrasenflexion im Erst- und Zweitspracherwerb. In: Mehlem, Ulrich/Sahel, Said (Hgg.), Erwerb schriftsprachlicher Kompetenzen im DaZ-Kontext. Diagnose und Förderung. Freiburg im Breisgau: Fillibach, 185-209.

Scherger, Anna-Lena (2015): Kasus als klinischer Marker im Deutschen. In: Logos 23, 164-175.

Schmitz, Katrin (2006): Indirect objects and dative case in monolingual German and bilingual German/Romance language acquisition. In: Hole, Daniel/Meinunger, André/Abraham, Werner (Hgg.), Datives and other cases. Between argument structure and event structure. Amsterdam: John Benjamins, 239-268.

Schöfer, Göran (1990): Die Funktion des Dativs in der deutschen Gegenwartssprache. Studie zu einer funktionalen Valenzgrammatik unter Berücksichtigung von Aspekten der Kasustheorie und der Prototypensemantik. Berlin: Humboldt-Universität.

Slobin, Dan Isaac (Hg.) (1985): The crosslinguistic study of language acquisition. Hillsdale, NJ: Erlbaum.

Steinbach, Markus (2002): Middle voice. A comparative study in the syntax-semantics interface of German. Amsterdam: John Benjamins.

Thieroff, Rolf (2003): Die Bedienung des Automatens durch den Mensch. Deklination der schwachen Maskulina als Zweifelsfall. In: Linguistik online 16.4, 105-117.

Thieroff, Rolf/Vogel, Petra M. (2012): Flexion. 2., aktualisierte Aufl. Heidelberg: Winter.

Tracy, Rosemarie (1986): The acquisition of case morphology in German. In: Linguistics 24, 47-78.

Vater, Heinz (2006): Kasus in Appositionen. In: Lyon Linguistique Allemande 8, 1-18.

Vater, Heinz (2015): Kasusveränderungen im gegenwärtigen Deutschen. In: Zeitschrift des Verbandes Polnischer Germanisten 4.3, 217-232.

Vennemann, Theo (Hg.) (1982): Silben, Segmente, Akzente. Referate zur Wort-, Satz- und Versphonologie anläßlich der vierten Jahrestagung der Deutschen Gesellschaft für Sprachwissenschaft, Köln, 2. - 4. März 1982. Tübingen: Niemeyer.

Vennemann, Theo (1982): Zur Silbenstruktur der deutschen Standardsprache. In: Vennemann, Theo (Hg.), Silben, Segmente, Akzente. Referate zur Wort-, Satz- und Versphonologie anläßlich der vierten Jahrestagung der Deutschen Gesellschaft für Sprachwissenschaft, Köln, 2. - 4. März 1982. Tübingen: Niemeyer, 261-305.

Wegener, Heide (1985): Der Dativ im heutigen Deutsch. Tübingen: Narr.

Wegener, Heide (1995): Das Genus im DaZ-Erwerb – Beobachtungen an Kindern aus Polen, Rußland und der Türkei. In: Handwerker, Brigitte (Hg.), Fremde Sprache Deutsch. Grammatische Beschreibung – Erwerbsverläufe – Lehrmethodik. Tübingen: Narr, 1-24.

Wiese, Bernd (2004): Über Lokalisationssysteme. Zur Struktur des Inventars der deutschen Lokalpräpositionen mit Berücksichtigung finno-ugrischer Lokalkasussysteme. Mannheim: Institut für Deutsche Sprache. Online verfügbar unter http://www1.ids-mannheim.de/fileadmin/gra/texte/wi7.pdf.

Wiese, Bernd (2009): Variation in der Flexionsmorphologie: Starke und schwache Adjektivflexion nach Pronominaladjektiven. In: Konopka, Marek/Strecker, Bruno (Hgg.), Deutsche Grammatik. Regeln, Normen, Sprachgebrauch. Berlin: de Gruyter, 166-194.

Wunderlich, Dieter (1993): Diathesen. In: Jacobs, Joachim/Stechow, Arnim von/Sternfeld, Wolfgang/Vennemann, Theo (Hgg.), Syntax. Ein internationales Handbuch zeitgenössischer Forschung. 1. Halbband. Berlin: de Gruyter, 730-747.

Zifonun, Gisela/Hoffmann, Ludger/Strecker, Bruno/Ballweg, Joachim (1997): Grammatik der deutschen Sprache. Berlin: de Gruyter.

Glossar

Argument: sprachlicher Ausdruck, der zu den syntaktischen Forderungen eines weiteren Ausdrucks gehört und eine semantische Rolle hat.

Finitheit: grammatischer Status von Verben, bei dem das Verb nach den Kategorien Person, Numerus, Tempus, Modus und Genus Verbi flektiert ist.

Grammatikalisierung: Sprachwandelprozess, bei dem sich ein ursprünglich selbstständiges Wort mit lexikalischer Bedeutung zu einer Einheit mit grammatischer Funktion entwickelt.

Ikonizität: linguistisches Konzept, nach dem ein Zusammenhang zwischen Inhalt und Form sprachlicher Zeichen besteht. Ein Mehr an Inhalt bewirkt ein Mehr an Form.

Kasus rectus: (lat. gerader Fall) Kasus, dessen Realisierung unabhängig von der Verbrektion ist. Im Deutschen ist dies der Nominativ.

Kasus obliquus: (lat. schräger Fall) Kasus, dessen Realisierung abhängig von der Verbrektion ist. Im Deutschen sind dies der Akkusativ, der Dativ und der Genitiv.

Kasushierarchie: eine formal und funktional motivierte Skala, auf der die Kasus hierarchisch geordnet sind.

Kongruenz: Übereinstimmung von sprachlichen Einheiten in einer Phrase oder in eiem Satz in bestimmten grammatischen Merkmalen.

konsonantische Stärke: phonologisches Maß, anhand dessen das Gewicht von Phonemen bestimmt wird.

Markiertheit: linguistischer Ansatz, in dem zwischen unmarkierten und markierten sprachlichen Kategorien unterschieden wird.

MLU (= mean length of utterance): (dt. mittlere Äußerungslänge) ein Maß für die Syntaxentwicklung im kindlichen Spracherwerb.

Monoflexion: Tendenz in der Nominalphase (NP), der zufolge nur eine Komponente der NP stark flektiert wird.

Obstruenten: Unterklasse von Konsonanten, die sowohl stimmlos als auch stimmhaft realisiert werden können.

Sonoranten: Unterklasse von Konsonanten, die nur stimmhaft realisiert werden können.

Phrase: Wortgruppe, deren Elemente syntaktisch zusammenhängen und eine strukturelle Einheit bilden.

Synkretismus: Zusammenfall von Flexionsformen innerhalb eines Paradigmas.

Verbdiathese: verschiedene grammatische Zustände des Verbs, (u.a. Aktiv, Passiv, Medium).

Sachregister